Dieses Buch ist der unveränderte Reprint
einer älteren Ausgabe.

Erschienen bei KiWi Bibliothek
© Verlag Kiepenheuer & Witsch, Köln 2017

Umschlaggestaltung Rudolf Linn, Köln

Printed in Germany
ISBN 978-3-462-40103-5

Kiepenheuer
& Witsch

Weiterführende Informationen finden Sie unter
www.kiwi-verlag.de

HELENA JANECZEK
LEKTIONEN DES VERBORGENEN

HELENA JANECZEK

LEKTIONEN DES VERBORGENEN

Aus dem Italienischen
von Moshe Kahn

Kiepenheuer & Witsch

1. Auflage 1999

Titel der Originalausgabe: *Lezioni di tenebra*
Copyright © 1997 by Arnoldo Mondadori Editore S. p. A., Milano
Aus dem Italienischen von Moshe Kahn
© 1999 by Verlag Kiepenheuer & Witsch, Köln
Alle Rechte vorbehalten. Kein Teil des Werkes
darf in irgendeiner Form (durch Fotografie, Mikrofilm
oder ein anderes Verfahren) ohne schriftliche
Genehmigung des Verlages reproduziert oder unter
Verwendung elektronischer Systeme verarbeitet,
vervielfältigt oder verbreitet werden.
Umschlaggestaltung: Mondadori, Mailand
Umschlagfoto: Privatbesitz
Gesetzt aus der Garamont Amsterdam (Berthold)
bei Kalle Giese Grafik, Overath
Druck und Bindearbeiten:
Franz Spiegel Buch GmbH, Ulm
ISBN 3-462-02784-0

... habitavit inter gentes, nec invenit requiem:
omnes persecutores ejus apprehenderunt eam inter angustias.

... sie wohnte unter den Völkern, fand dort aber keine Ruhe:
alle ihre Verfolger griffen sie in mißlicher Lage auf.

François Couperin, *Leçons de Ténèbres*

Neulich abends behauptete eine Frau im Fernsehen, sie sei die Reinkarnation eines in einem Vernichtungslager umgebrachten jüdischen Mädchens. Das hat mir mein Freund Olek erzählt. Er rief mich aus Rom an, und beim Reden verfolgte er weiter die wer weiß wie rekonstruierten Etappen dieses vorherigen Lebens, den genauen Bericht über vorgeburtliche Erinnerungen, und sagte immer wieder »es ist erschütternd«. Dann habe ich das Telefongespräch rasch beendet, ich sagte, daß das Programm auch mich interessiere, obwohl das nicht stimmte, und schaltete den Fernseher ein. Man sah eine Frau um die dreißig, Psychologin, wie die eingeblendete Schrift in Brusthöhe besagte. Inzwischen erzählte sie nicht mehr von ihrem anderen Ich namens Anna oder Hanna, Baumann oder Naumann, sondern erklärte dem Publikum im Studio und dem großen, unsichtbaren Publikum zu Hause, was ihr diese Erfahrung vermittelt hatte, und alle sich daraus ergebenden Folgerungen. Danach kamen die Experten zu Wort: Psychologen, Parapsychologen, Priester, buddhistische Lamas mit übersetzenden Mönchen, ein jüdischer Psychiater, der die Wissenschaft vertrat – aber auch die Religion, die er als »undogmatisch« bezeichnete –, und der einräumte, daß die jüdische Mystik sehr wohl die Vorstellung der Metempsychose kenne, es sich dabei aber um eine anonyme und unerforschbare Reinkarnation handele. Ich bezweifle, daß er mehr darüber wußte und sich in dieser Sache genauer auskannte. Dann hat eine alte Frau, ebenfalls Jüdin, über das Konzentrationslager als eine außerordentlich tiefe Erfahrung gesprochen – sie hat wörtlich gesagt: »Sie müssen wissen, daß das Konzentrationslager auch eine außerordentlich tiefe Erfahrung ist.« An dieser Stelle fiel ihre weiße Kleidung und ihre lange Holzkette auf, während sie über jemanden berichtete, einen Lieblingsschüler (sagt man Schüler? Jünger? Anhänger?) des indischen Gurus Sri Aurobindo, über diesen Jemand mit indischem Namen, der durch den Aufenthalt in einem nationalsozialistischen Konzentrationslager zum Heiligen geworden war. Sie bietet ihn der jungen Psychologin als Beispiel an, die ihrerseits, mit einem Lächeln auf den Lippen, die Belehrung gerne annimmt und bekräftigt »das ist etwas sehr Schönes, was Sie mir da sagen«. Ich habe mir diese Sendung über Reinkarnation noch eine Weile angesehen und, um das Unbehagen und ein undeutliches Gefühl von Entweihung abzuschwächen, mir immer wieder gesagt »wer bist du eigentlich, daß du über diese gutgläubigen Menschen lachst, was weißt du denn im Grunde darüber...«.

Ich möchte schon seit einiger Zeit etwas anderes wissen. Ich möchte wissen, ob es möglich ist, Erkenntnisse und Erfahrungen nicht erst mit der Muttermilch weiterzugeben, sondern vorher schon, mit dem Wasser der Plazenta oder sonst irgendwie; denn die Milch meiner Mutter habe ich nicht bekommen, statt dessen habe ich einen atavistischen Hunger, einen Hunger von Hungerleidern, den meine Mutter nicht mehr hat. Ich meine nur diesen einen, diesen besonderen und eindeutig neurotischen Hunger, der mich in gewissen Augenblicken angesichts eines Stücks Brot überkommt, Brot jeglicher Art, gutes, schlechtes, frisches, lätschertes, trockenes. Ich bin sogar fähig, einen trockenen Brotkanten mit den Zähnen zu packen, werfe nie auch nur das kleinste Stückchen weg, lese die Krümel auf dem Tischtuch zusammen, um sie zu essen. Ich leide an einer leichten Brotfreßsucht, der Hauptgrund, vielleicht der einzige, für meine Körperfülle, die meine Mutter so oft kritisiert hat. Aber auch ohne unkontrollierte Attacken muß ich immer das ganze Brötchen aufessen, das ich in der Mensa gekauft habe. Sie hat mir beigebracht, daß Brot heilig ist, daß sie, wenn sie ein Stück Brot auf der Straße liegen sieht, es aufhebt und irgendwo an einer höher gelegenen Stelle ablegt, um es nicht dort auf der Erde zu lassen. Ich habe die Lektion nur allzu gut gelernt, vielleicht liegt hier das ganze Problem.

Als meine Mutter klein war, war sie kein Vielfraß wie ich, sie mochte nie etwas. Das hat sie viele Male erzählt, um die Eltern zu kritisieren, die die Flausen ihrer Kinder unterstützen, indem sie ihnen nur ihre Lieblingsgerichte kochen. Sie sagt, daß ihre Appetitlosigkeit nur durch den Krieg geheilt wurde, und erntet beifällige Blicke von denen, die zu ihrer Generation gehören, und erinnert an das Heldentum des Hungers. Sie sagt nicht, an welchem Hunger sie litt, und die Bedeutungen des Satzes »es gab nichts zu essen« sind vielfältig. Sie sagt nicht, daß sie rein zufällig oder nur durch ein Wunder nicht vor Hunger gestorben ist oder, noch wahrscheinlicher, vor Kraftlosigkeit durch Unterernährung umgekommen ist, umgekommen durchs Gas.

Nach dem Krieg hatte meine Mutter Hunger, da aß sie, aß sie kräftig. Ihre Kleider von damals passen mir, dabei bin ich zehn Zentimeter größer und wiege zehn Kilo mehr als sie. Ich verstehe nicht, wie das möglich ist, da sie auf Photos aus der Zeit doch nur leichte Rundungen hat. Ich muß diese Kleider anziehen, etwa das weißgepunktete Seidenkleid, um einen Beweis für ihren andersartigen Appetit zu haben, für einen Hunger, der sich mit den Jahren wieder gelegt hat.

Jetzt, da sie alt ist und die Spleenigkeiten der Jugend hinter sich hat, hat sie wieder mit einer strengen Kontrolle ihrer Ernährung begonnen und einen gewissen Argwohn gegenüber Speisen entwickelt, die sie nicht seit jeher kennt, einen Argwohn, den sie gebremst und verborgen hatte, um nicht als schwierig oder, schlimmer noch, als ignorante Plebejerin zu gelten, die, wie der Bauer im Sprichwort, nur das ißt, was sie kennt.

Jetzt, behauptet sie, esse sie »mit dem Kopf«, und macht mir Vorwürfe, daß ich es nicht tue, daß ich mich nicht jeden

Tag auf die Waage stelle, um etwas gegen die Pfunde zu tun, bevor sie zum Kilo und dann zu zweien werden und schließlich zu einem unförmigen Körperumfang und zu einer Beleidigung des Geschmacks und des ästhetischen Ideals und zu was sonst noch. Sie hält mir vor, ich würde mich mechanisch mit Brot vollstopfen, und legt mir die Hälfte von ihrer Portion auf den Teller, weil sie absolut nicht mehr essen könne; ich hege Groll gegenüber der Manie einer alternden Frau, so streng auf die eigene Linie zu achten und so oft darüber zu reden, als handele es sich um eine Frage der Moral. Sie merkt, daß ich ein bißchen freßsüchtig bin. Ich, mit meiner Halbbildung in Psychologie, denke, daß sie seit ihrer Kindheit eine Neigung zur Magersucht gehabt hat, die im Lauf der Jahre immer stärker hervortritt. Wir sind Gegensätze, denke ich, zufrieden und beschämt über meinen Körper und meinen Hunger. Vielleicht ist das der Grund, weshalb ich wissen möchte, ob sie mir möglicherweise diesen Hunger angehängt, ob sie mir ihren Hunger vermacht hat, so wie sie mir heute, obwohl sie mich oft »mein Dickerchen« nennt, ihre halben Schnitzel abgibt, ihre Kartoffeln, ihre halben Portionen Pasta. Ich möchte wissen, ob sie mir den Hunger einer Halbtoten vermacht hat, um diesen Halbtod zu überwinden und den Charakter, die Persönlichkeit, die individuelle Seelenlage zurückzuerobern, die sie vor dem Hunger hatte. Ich frage mich das. Ich frage mich das, um nicht denken zu müssen, daß die Erfahrung der Konzentrationslager nicht nur nicht »außergewöhnlich tief«, sondern überhaupt keine Erfahrung ist, daß man nichts lernt, daß man weder besser noch schlecht wird, und sie, wenn sie erst einmal der Vergangenheit angehört, vergangen ist, festgehalten in den verborgensten Winkeln der Seele, wo sie hindämmert, lastet, fortdauert. Vielleicht dämmert sie dahin, lastet, dauert fort, weil sie sich nicht völlig in Luft aufgelöst haben kann, sondern gestaltlos, wie sie ist, gestaltlos, wie sie immer sein wird, nicht auf das Verhalten und auf die Person einwirkt, die in die

Norm zurückgekehrt ist, ins soziale Netz, in die Welt der Lebendigen und Satten, die das Recht haben, lebendig und satt zu sein. Ich frage mich das, weil ich nicht in der Lage bin, mich mit dem abzufinden, was ich mit soviel Deutlichkeit bemerken zu können glaubte, und viele Male beim naheliegendsten Beispiel, nämlich meiner Mutter.

Meine Mutter, ein Kind, das nicht ißt, ein junges Mädchen, das Seidenstrümpfe und Lippenstifte klaut, um sich hinter dem Rücken ihrer Mutter hübsch zu machen, die immer »gepflegter und koketter als du« gewesen ist, meine Mutter, die bis zur letzten Seite skandinavische Romane las, die sie für sterbenslangweilig hielt, denn die mußte man lesen und »ich war damals eben ein kleiner Snob«, meine Mutter, die niemals Dicke und Häßliche ausstehen konnte, die immer »eine Ästhetin« war, ist die, die ich kenne, ist die, die mich irritiert, ist die, die das Gegenteil von mir zu sein scheint, weil ich das Gegenteil von ihr sein möchte. Und die, die mit zwei Groschen in der Tasche aus dem Ghetto floh, weil sie wußte, daß seine Liquidierung bevorstand, weil sie die Bedeutung der Worte kannte, und die zu ihrer Mutter sagte »ich geh weg, ich will nicht in den Öfen verbrennen!«, wer ist die?

Fünfzig Jahre später weint sie in Polen, schreit, sie habe »meine Mama, meine Mama« allein gelassen. Wie ein Adler kreischt sie im Museum von Auschwitz, in jenem gediegenen Hotelkomplex, wo weder sie noch die anderen Juden gewesen sind, und vor einem Schaukasten, der ein Muster von Zyklon B zeigt, schreit sie wieder wie ein kleines Kind »Mama, Mama«. Ich habe sie mit bedingungsloser, stolzer Liebe für ihre Szene »in aller Öffentlichkeit« geliebt. Ich liebe eine Mutter, die überlebt hat, die Brot auf der Straße aufhebt, und viel weniger die andere, die jeden Morgen auf die Waage steigt, und es gelingt mir nicht, sie beide zusammenzufügen, und ich weiß, daß ich es mit einem unlösbaren Geheimnis zu tun habe, ich weiß, daß es mir niemals gelingen wird, meine Mutter zu kennen, und ich weiß auch, daß ich sie sogar viel zu gut kenne und daß all unser Streit nicht mehr und nicht weniger ist als die üblichen Konflikte und der gewöhnliche Familienwahnsinn.

Meine Mutter im braunen Zimmer eines Hotels in Warschau, groß, häßlich und dunkel, wie die Zimmer aller sehr hohen und nicht mehr ganz neuen Hotels, nur ein bißchen trister, ein bißchen dunkler, ein bißchen brauner als die im Westen. Es ist das erste, das wir in diesem Land mit Ruhe sehen, sie nach genau fünfzig Jahren. Ich wußte nicht, daß es ausgerechnet fünfzig Jahre waren, so wie ich auch vieles andere nicht wußte: zum Beispiel, warum sie vor unserer Abreise und dann im Flugzeug so angespannt und schweigsam war. Sicher, ich konnte es mir vorstellen, zumal auch ich schon seit Tagen aufgeregt war vor Angst, Angst vor dieser Reise, die für sie weniger eine Reise als vielmehr eine Rückkehr war. Ich konnte sie verstehen.

Aber ich verstand fast nichts, nichts, bis sie schließlich in diesem Hotelzimmer in Tränen ausbrach, ein heftiges Weinen, und dabei »heute sind's fünfzig Jahre« schrie, was sie jedesmal wiederholte, wenn es ihr gelang, Luft zu holen und zu reden, und ich, die ich sie fragte »sag, was denn?« und versuchte, sie zu umarmen, sie zu streicheln wie ein kleines Kind, dem eine Tragödie passiert ist, etwa eine Puppe zu verlieren oder ein totes Tierchen zu finden, und ich sagte »schon gut, Mama, schon gut« oder etwas in der Art, denn es ist durchaus möglich, daß ich mir die Einzelheiten erfinde. »Fünfzig Jahre sind es her seit dem Tag«, sagte sie schließlich, und sie hielt mich umarmt oder löste sich aus meiner Umarmung, während sie erzählte, was sie damals zu ihrer Mutter gesagt hatte, daß sie nicht mit ihnen in den Tod gehen wollte.

Es war genau am Abend dieses Tages, beim Abendessen mit ihrer Mutter, ihrem Vater und ihrem Bruder, der, viel braver als sie – »er war viel braver als ich, Jerzy war viel braver«, heult meine Mutter –, Kartoffeln aufsetzte, ganz wenige, vermute ich, oder sonst etwas in dieser Art tat, ich erinnere mich nicht, während sie schrie »es ist nicht wahr, daß sie uns woanders hinbringen, ich weiß genau, wohin sie uns bringen, ich will nicht in den Öfen verbrennen«. Mir hat sie es so gesagt, diese Worte hat sie geschrien, ich vergesse sie nicht. Dann fing sie an, »Mama, Mama« zu schreien, und ich habe wieder versucht, meine Mutter zu beruhigen, wie eine Mutter versucht, ihr Kind zu beruhigen, wenn es weint und »Mama, Mama« schreit, aber es half nichts, dennoch war es ihr nach einer Weile gelungen, aufzuhören und zu schluchzen »es war der schlimmste Tag in meinem ganzen Leben« – er war schlimmer als alles andere, der Tag, an dem sie beschlossen hatte, abzuhauen und ihre Mutter, ihre Mama, die so gut war, dem Schicksal zu überlassen, das sie kannte.

Nur einmal habe ich ein sehr großes Buch geöffnet, es trägt den Titel: *Kalendarium der Ereignisse im Konzentrationslager Auschwitz-Birkenau 1939–1945.* Unter dem 27. August 1943 – vor fünfzig Jahren also und eineinhalb Tage nach unserer Ankunft in Warschau – vermerkt ein Absatz:

»Mit einem Transport des RSHA sind ungefähr 1500 jüdische Männer, Frauen und Kinder aus dem Ghetto von Zawiercie eingetroffen. Nach der Selektion werden 387 Männer, denen die Nummern von 140 334 bis 140 720 zugeteilt wurden, und 418 Frauen, gekennzeichnet mit den Nummern von 56 520 bis 56 937, im Lager interniert. Die ungefähr 700 übrigen Personen werden in den Gaskammern getötet.«

Das ist die einzige Seite, die an diejenigen erinnert, die ich mich während der Polenreise mit meiner Mutter zum ersten Mal gezwungen habe, Großeltern, Onkel und Tanten zu nennen. Zawiercie ist ungefähr dreißig Kilometer von Auschwitz entfernt, auch ein überladener Güter- oder Viehtransportzug braucht wenig Zeit, um dort anzukommen. Sinnlos sich vorzustellen, zu welcher Hälfte sie nach der Selektion gehört haben. Ich weiß, daß der Großvater nicht gleich vergast wurde, ihm einige Wechselfälle des Lebens widerfuhren. Ich habe Gerüchte über Jerzys Schuhe gehört, den jüngeren Bruder meiner Mutter, die Schuhe, die er im Lager nicht mehr haben durfte, aber ich weiß nicht mehr wann und auch nicht wie. Über die Großmutter weiß ich gar nichts.

Diese Waggons werden auch die Großeltern, die Onkel und Tanten väterlicherseits deportiert haben. Darüber weiß ich noch weniger. Meinen Vater kann ich nicht mehr fragen, meiner Mutter habe ich nie Fragen gestellt. Ich kann sie nicht über die anderen befragen, wenn sie mir nicht zu verstehen gibt, daß sie mir etwas sagen will. Aber auch sie weiß fast nichts darüber: »fast« bedeutet das eine oder andere Gerücht, wie das von den Schuhen, das eine oder andere Gerücht, das unmöglich zu einer sicheren Feststellung führt, und was soll es auch, das Ergebnis ändert sich dadurch nicht mehr.

Schreib, sagt meine Mutter, als sie diese Seite liest, schreib, daß es Wehrmachtsstiefel waren, sie haben sie ihm wieder abgenommen, bevor er in den Waggon stieg. – Wie bitte? – Vor dem Abtransport, er hatte sie zum Arbeiten bekommen. Im Zug war er barfuß.

In der Nacht vom 25. auf den 26. August 1943 ist meine Mutter aus dem Ghetto von Zawiercie mit zehn Zloti in der Tasche weggelaufen. Auch möglich, daß es fünf oder sieben oder zwanzig waren, an Zahlen erinnere ich mich nie und noch viel weniger dann, wenn es sich um mir unbekannte Währungen handelt. Sie war fast zwanzig Jahre alt.

Als ich so alt war wie sie, hat mir die Vorstellung ungeheure Mühe gemacht, irgend etwas zu tun, wovon ich glaubte, es würde ihr mißfallen. Ich habe mich ihr nie offen widersetzt. Ich unterlag bei ihren Angriffen, mit denen sie die eine oder andere meiner Sünden – meistens kleinere Versäumnisse – bestrafen wollte, und die stets mit dem Vorwurf endeten, mein Egoismus sei überzogen. Dieses Urteil akzeptierte ich fast immer, bat um Verzeihung und heulte. Doch so erreichte ich weder Verzeihung noch das Ende des Streits, im Gegenteil, sehr oft steigerte er sich noch, schien mit meinen Worten und vor allem mit meinen Tränen größer zu werden. Und so schrie sie mich weiter an, und ich heulte. Mit zwanzig Jahren und keinem anderen Grund als den, mein Leben zu retten, hätte ich nicht die Kraft besessen, meine Mutter zu verlassen, ich hätte sie begleitet. Ich kann das nicht mit Sicherheit sagen, aber das Gegenteil kommt mir unvorstellbar vor. Vielleicht wollte sie auch diese absolute Treue erwirken und hat mich deshalb bei jeder kleinsten Verfehlung immer mit so viel Ungestüm angegriffen.

Mein erster Vorname ist der meiner Großmutter mütterlicherseits: Helena. Dann kommt Miriam, die Mutter meines Vaters, danach Regina, seine Schwester. Ich bin mit nur drei Vornamen davongekommen, weil ich als Mädchen zur Welt kam. Ich wurde geboren, als meine Mutter einundvierzig Jahre alt war, nach einer unbestimmten Anzahl (fünf? sechs?) von Schwangerschaften, die, nach Jahren vergeblicher Versuche, mit Fehlgeburten endeten, für die die Auswirkungen der Unterernährung auf die Fortpflanzungsorgane verantwortlich waren, auch Kraftlosigkeit, eine niemand weiß wie geheilte Gelbsucht, Streß und Traumata, die für die damaligen Ärzte inexistent waren, und wer weiß, was sonst noch. An diesem Punkt, sagt sie, hätte sie es lieber nicht weiter versucht. Aber ich bin mit einer Hüftluxation davongekommen – eine angeborene Krankheit, die heilbar ist, wenn sie rechtzeitig behandelt wird: das Kind wird für ein Jahr in Gipswindeln gezwängt – und mit zwei überkreuzten Zehen an jedem Fuß, die mein Vater sofort begradigte. Damit waren sie in Ordnung. So erzählt man mir, so hat man es mir tausendmal erzählt.

Manchmal frage ich mich, ob diesen Verzögerungen eines dem Tode nahen Körpers auch meine biegsamen Fingernägel und meine bereits im Alter von dreizehn Jahren mit Gold plombierten Zähne (eine schöne Beute für mögliche Nazis) zuzuschreiben sind. Ansonsten bin ich gesund, das war ich auch als Kleinkind, ich war schön und gesund, blond, blauäugig, mit einem Stupsnäschen, so wenigstens wird mir erzählt. Inzwischen sind meine Haare kastanienfarben, die Nase ist kein Näschen mehr und auch nicht mehr stupsig, aber auch nicht das Gegenteil. Ich habe mich gefragt, und zwar noch öfter, als ich mir Fragen über Fingernägel und Zähne stelle, ob ein Paar, das rein zufällig ins unmittelbare Nachkriegsdeutschland verschlagen wurde, ein Paar, das im Grunde vorziehen würde, nicht mehr jüdisch zu sein, vor allem aber vorziehen würde, wenn das eigene Kind es nicht weithin sichtbar machte, ob ein solches Paar ein Kind allein durch den unausgesprochenen Wunsch dazu bringen kann, blond auf die Welt zu kommen, mit blauen Augen und einer Nase, die gerade in dem Augenblick aufhört zu wachsen, als sie sich nach unten krümmen will. Das ist ein absurder, ein törichter Gedanke, der aber immer wiederkehrt. Das sind alles absurde und törichte Gedanken, sie versuchen, etwas mir Zugehöriges faßbar in einen Zusammenhang mit dem zu bringen, was mir vorausgeht und wovon ich so gut wie nichts weiß: fast nichts von meiner Familiengeschichte, nichts von den einzelnen Ereignissen, ein bißchen von dem Bild, das die Geschichte dazu liefert, die ich anderswo erfahren habe, und nur da.

Es ist sinnlos, daß ich mich abmühe, Spuren zu finden, Brücken zu rekonstruieren, die mich mit meinen Verwandten verbinden, indem sie über ihre Vernichtung führen. Es gibt nichts, das sich nicht mit näherliegenden und plausibleren, mit individuelleren Gründen erklären ließe. Es gibt nichts, das sich mit einem Massaker erklären ließe.

Ich habe eine leichte Freßsucht, weil ich immer viel zu gierig gewesen bin, ich habe schlechte Zähne, weil ich sie nicht so behandelt habe, wie es hätte sein sollen, ich hatte ein verhältnismäßig weit verbreitetes angeborenes Gebrechen, das aber völlig geheilt ist, ich habe helle Augen und eine helle Haut, wie sie in der Familie meines Vaters anzutreffen waren, die blauen Augen, die mit einer nur etwas anderen Verteilung der Farbpigmente so wären wie seine grünen.

Ich habe, wie es Brauch ist, die Vornamen von toten Großmüttern und Tanten und einen ersten Namen, mit dem ich zufrieden bin, und ich würde lügen, wenn ich sagte, er würde mich bedrücken. Für mich ist er mein Name. Irgendwie muß es mir, als ich klein war, Freude gemacht haben zu erfahren, daß die Mutter meiner Mutter, die sie liebhatte, so hieß wie ich. Aber das bedeutete nicht viel. Als ich die »historische Wahrheit« über diese verstorbene Großmutter erfuhr, und sogar an diesem sechsundzwanzigsten August in Warschau war es für mich glücklicherweise zu spät, mich durch meinen Namen in einem Zusammenhang mit meiner Mutter und ihrer Mutter sehen zu können.

Jetzt ist eine gewisse Angeberei dabei, wenn ich jemandem erkläre, daß ich den Namen meiner Großmütter und Tanten trage, die in Auschwitz umgebracht wurden, ein Kalkül hinsichtlich des ausgelösten Eindrucks. Darüber hinaus bin ich zufrieden, wirklich zufrieden, daß ich so heiße. Es kommt mir richtig und natürlich vor, daß man den Kindern die Namen der eigenen Toten, auch der Ermordeten, vielleicht vor allem der Ermordeten, überliefert, angesichts der Tatsache, daß es nichts anderes zu überliefern gibt. Ich glaube nicht, daß mich der Name der Mutter meiner Mutter über Gebühr belastet. Ich meine, daß er sie belasten müßte.

Sie ist klein, schlank, allerdings von dem Typus, der überschüssiges Fett, viel oder wenig, auf dem Bauch ansammelt, im Rücken ist sie ein bißchen gebeugt, sie hat gerade, magere Beine, die noch schön sind und die sie zeigt, indem sie die Röcke kniefrei trägt, im Sommer sogar ohne Strümpfe geht, und sie hat schöne schlanke Hände mit langen Fingern, ganz anders als die meinen, die noch kleiner sind, so breit wie die eines Kindes. Während meine Haare mit der Zeit immer dunkler wurden, sind ihre immer blonder geworden, von einem sehr diskreten Blond, das das Weiß bedeckt, das schon um die dreißig durchgeschlagen ist, auf Grund einer erblichen Veranlagung mütterlicherseits, wie sie erklärt, von einem künstlichen Blond, dessen Wasserstoffanteil die Naturwellen abgeschwächt hat, das aber dennoch nicht künstlich wirkt, sondern im Gegenteil mit hellen Tönen harmoniert, gedämpften Pastellfarben, die sie bevorzugt, mit ihrer gesamten Kleidung, die immer gepflegt, teuer, modisch, distinguiert und immer geschmackvoll ist: denn sie ist eine Frau mit gutem Geschmack, sie ist in der Lage zu erklären, warum von einem bestimmten Alter an zu kräftige oder zu dunkle Farben, zu lange Haare und zu tiefe Dekolletés vermieden werden sollten und wie tadelnswert in jedem Alter die Häufung von Schmuck und anderem auffälligen Putz ist, auch das Tragen von Miniröcken bei dicken oder krummen Beinen, denn sie ist eine Frau voller Ratschläge und Urteile, wie sich eine Frau darstellen soll, um sich immer vorteilhaft zu zeigen. Sie geht sogar soweit, ihr nahezu unbekannte Personen, meine Freundinnen und Schulkameradinnen zum Beispiel, aufzufordern, nicht nur die Garderobe zu erneuern, sondern auch die Zähne oder die Nase, mit dem ruhigen Eifer eines Menschen, der aus Prinzip für eine edle Sache kämpft.

Man kann verstehen, daß Fragen der Ästhetik für sie zu Fragen von nahezu moralischer Dimension werden, weil ihrem guten Geschmack fast das gesamte Familienvermögen zu verdanken ist, das nach dem Krieg allmählich zusammengetragen wurde. In den Nachkriegsjahren, als mein Vater nicht als Arzt arbeiten konnte, weil er selber erkrankt war, zuerst an Tbc, dann am Herzen, war es meine Mutter, die es für beide tun mußte.

Sie hatten sich in Polen wiedergefunden, in Zawiercie, und dort einen Neuanfang versucht, aber als 1946 in Kielce, ungefähr siebzig Kilometer nördlich, ein Pogrom stattfand, bei dem an die fünfzig Juden umgebracht wurden, muß meine Mutter gesagt haben, daß man nicht bleiben könne. So sind sie wieder geflohen, Richtung Westen, und kamen schließlich in ein Flüchtlingslager der Alliierten in Bayern, ein »DP-Camp«, ein Lager für »displaced persons«.

Sie wollten in die Vereinigten Staaten auswandern, konnten es aber nicht, weil tuberkulösen Personen das Einreisevisum verweigert wurde, auch dann, wenn sie den Verfolgungen des nationalsozialistischen Feinds entkommen waren wie mein Vater. Sie besaßen nichts mehr, mein Vater mußte im Sanatorium bleiben, sie mußten bei Null anfangen, sich den Lebensunterhalt verdienen. Aus diesem Grund fing meine Mutter an, bei einer bekannten Modistin in München zu arbeiten, sie wurde tüchtig und erfahren, und als sich die Gelegenheit bot, machte sie sich selbständig. Für dieses kleine Geschäft konnte man keine behördliche Genehmigung für den Verkauf von Hüten bekommen, auch nicht für Geschenkartikel, was meine Mutter als Alternative vorgeschlagen hatte.

So hatte sie, als ihr schließlich die Idee gekommen war, sie könnte doch Schuhe verkaufen, die neuen spitzen Schuhe mit Pfennigabsätzen, die sie auf der Reise mit meinem Vater während des Heiligen Jahres in Italien gesehen hatte, nicht nur eine Lösung für ihren gemeinsamen Lebensunterhalt gefunden, sondern gewissermaßen auch eine neue Identität. Meine Mutter erzählt, daß die Leute vor dem einzigen Schaufenster stehenblieben, um vollkommen sprachlos diese exotischen, monströsen Kreationen zu betrachten, in die scheinbar keine normalen Füße passen konnten, keine Nachkriegsfüße.

Sie erzählt von langen Überzeugungstiraden, wenn jemand es schließlich gewagt hatte, die Türschwelle des Geschäfts zu überschreiten, Überzeugungstiraden in ihrem Deutsch, von dem ich mir vorstelle, daß es damals ziemlich unsicher war, bei dem der Schwung des Ausdrucks und die begleitende Gestik Teile des Vokabulars und der Grammatik ersetzen mußten. Gerade deshalb muß sie, um die Kundin zum Kauf zu überreden, kurz darauf angefangen haben, ihre Bemühungen als Beitrag einer leidenschaftlichen Italienerin auszugeben, die die letzten Tendenzen der Römischen Mode illustriert, einer Mode, die mit Kompetenz und Engagement auch im bombenzerstörten Land des ehemaligen Bündnispartners verbreitet werden mußte.

Damals hat meine Mutter angefangen, hochelegant und italienisch zu werden, sie antwortet jedesmal unbeirrbar »sissississì«, wenn jemand hereinschneit, der wirklich italienisch spricht oder doch zumindest ein bißchen besser als sie, das heißt wenig bis sehr wenig. Für die Münchner ist meine Mutter bis Ende der siebziger Jahre Italienerin geblieben, bis sie mit meinem Vater gegen einen SS-Kommandanten von Zawiercie aussagte, der für ich weiß nicht wie viele Ermordungen verantwortlich war, von denen einige von unmittelbaren Zeugen, wie meinen Eltern, dokumentiert wurden, ein Herr, der sich in der Zwischenzeit ein ruhiges Leben in einer ruhigen Stadt in der Provinz geschaffen hatte. Er wurde freigesprochen wegen Verjährung oder irgend etwas in der Richtung.

Zwei Minuten oder auch weniger haben sich meine Eltern im Fernsehen gesehen, wie sie ihre Anschuldigungen wiederholten. Doch die Nachricht von diesem weniger bedeutenden Prozeß und von dem kurzen Ausschnitt im Fernsehen ist nicht zu vielen Stadtbewohnern und möglichen Kunden gedrungen, so daß noch heute halb München überzeugt ist, daß die Eigentümerin der Schuhgeschäfte »Italy-Ninetta« wirklich Italienerin ist, so wie ein Großteil der italienischen Lieferanten glaubt, sie sei Deutsche.

Im deutschen Paß meiner Mutter steht, daß Nina Franziska Janeczek, geborene Lis, in Tschenstochau in Polen geboren wurde, aber den Paß sieht niemand. So wie niemand die Nummer auf dem linken Unterarm sieht, die Nummer, zum Glück eine hohe – denn meine Mutter wurde im Sommer 1944 registriert –, die sie sich hat wegmachen lassen, wie man sich irgendeine Tätowierung wegmachen läßt. Auch die Psoriasisflecken bemerkt niemand, eine Hautkrankheit unbekannten psychosomatischen Ursprungs: am Körper sind Kleider, im Gesicht ist Make-up. So trägt meine Mutter im Sommer kurze Ärmel, allerdings nur, wenn ihre Arme schön gebräunt sind.

BEIDE HABEN WIR EINEN DEUTSCHEN Paß, jenen Paß, den die Zuwanderer aus anderen Ländern so häufig auch nach einem oder mehreren Jahrzehnten der Arbeit, der Steuern und Beiträge nicht bekommen können und der auch ihren Kindern nicht gewährt wird, sofern sie Kinder von Zuwanderern sind, und das wegen eines Gesetzes, das nicht geändert wird, das Gesetz des *jus sanguinis.* Wir dagegen sind im Besitz dieses Dokuments, so wie es auch mein Vater war. Wir sind es aufgrund einer registrierten Verfolgung, für die mit Zahlungen durch die eigens dafür eingerichtete Bundesbehörde entschädigt wurde, und auch mit der Valuta der Staatsangehörigkeit, gewissermaßen so, als hätten meine Eltern durch alles bezahlte Blut – »bezahlt« meine ich natürlich nur so – ein Anrecht auf das Blutgesetz erworben. Wir sind Deutsche, so steht es in unseren Pässen.

Wenn ich in meiner Mädchenzeit nach der Schule bei einer Freundin zum Mittagessen bleiben oder gelegentlich abends bei einer übernachten wollte, bekam ich die Antwort, daß das überhaupt nicht in Frage komme, weil »wir keine Deutschen sind« und man bei uns zum Essen und zum Schlafen nach Hause zurückkehre. Nichts zu machen, auch später nicht, wenn man mich, was selten vorkam, zu einer Party eingeladen hatte und ich meine Eltern nachts anrufen mußte, damit sie mich abholen kamen. Ich war immer die einzige und gab das Bild eines kleinen Mädchens ab, ganz zu schweigen von dem Bild eines Wesens, das einer anderen, archaischeren Kultur angehörte. Meine Eltern hatten die Sache dermaßen absolut festgelegt, daß sich auch nichts änderte, als die ersten spärlichen Jungen auftauchten. Es war gar nicht erst nötig, eine deutliche Tirade über die

»deutschen Jungen« loszulassen, zumindest hat meine Mutter das nie getan.

Nur mein Vater beschimpfte mich einmal, da muß ich ungefähr achtzehn gewesen sein, als »Flittchen«, weil ich einen Freund zu Hause besucht hatte und ein Mädchen niemals allein in die Wohnung eines alleinstehenden Mannes geht. Ich war nicht lange darüber verärgert, im Gegenteil, dieser eifersüchtige, altmodische Vater, der sich überrumpelt gefühlt hatte, rührte mich fast mit all seiner Angst, all seiner Wut, die in diesem einzigen Wort aus ihm hervorbrach, in diesem alten, falsch klingenden Schimpfwort – und dann die mitgelieferte Moral, um dieses Wort abzuschwächen – und mit den ganz anderen, ohnmächtigen Wutausbrüchen, die ihn bei Streitigkeiten mit meiner Mutter überkamen. Vielleicht mußte ich fast lachen. Ich dachte auch nicht eine Minute lang daran, auf ihn zu hören. Ein anderes Mal, vielleicht etwas später, war ich ihm dankbar, daß er mir gesagt hatte, ich solle nicht mit deutschen Jungen gehen, weil er das nicht ertragen würde. Er hatte das einfach so gesagt und dabei die Mordgelüste unterdrückt, die allein der Gedanke in ihm wachgerufen haben mußte, er hatte seinen gerechten, seinen gebrochenen und nicht zu besänftigenden Zorn gebändigt, aus Feingefühl, beinahe aus Achtung mir gegenüber. Ich bin ihm heute noch dankbar.

Meine Mutter drückte das gleiche, wie üblich, andersherum aus, mit grundsätzlichen Erklärungen: »Für mich wäre es ein harter Schlag, wenn du einen Deutschen heiraten würdest, aber am Ende würde ich mich auch damit abfinden.« Das sagte sie mir, Schülerin eines Mädchengymnasiums, versteckt in alten, über Bluejeans herabbaumelnden Männerhemden oder in langen indischen Westen, mir, die noch nie einen Freund gehabt und auch keinen Kuß von einem Jungen bekommen hatte, und sie, dessen bin ich mir beinahe sicher, hat das gewußt. Sie wußte, daß für den Augenblick keinerlei Gefahr bestand, weil seit jeher alles eine Frage des Grundsatzes gewesen war und so alles in die richtigen Bahnen gelenkt wurde, und dieser Grundsatz hieß weder »Haus« noch »Familie«. Er hieß »wir sind keine Deutschen«.

Im Café zahlen wir nicht nur unseren Kaffee, sondern bieten ihn auch anderen an, weil wir keine Deutschen sind; wir laden Freunde nach Hause ein und kochen ein mehr als reichliches Abendessen, denn wir sind gastfreundlich, eben weil wir keine Deutschen sind. Wir geben kein monatliches Taschengeld, weil wir das Geld nicht in die Tasche zählen, und nicht immer das »meine« von »deinem« unterscheiden, weil wir keine Deutschen sind. Wir sind nicht der Meinung, daß ein Kind mit achtzehn erwachsen ist – denn Kinder sind immer Kinder –, weil wir keine Deutschen sind. Wir tun unsere Pflicht nicht, um anschließend ein Anrecht auf unseren Frieden zu haben. Wir unterscheiden nicht immer zwischen Anrecht und Pflicht, weil wir keine Deutschen sind, und daher müssen wir immer mehr füreinander tun.

Im Unterschied zu meinem Vater erklärte meine Mutter manchmal die Grundlagen ihres Prinzips: Sie sagte, daß wir keine Deutschen seien und auch nicht sein wollten, nicht nur wegen »dem, was geschehen ist«, sondern auch, weil die typisch deutsche Mentalität sich beim friedlichen Zusammenleben als unvereinbar mit der unseren erwiesen habe. Denn sie hatten auch nach dem Krieg gelitten, als sie sahen, wie die Deutschen sind, wenn sie dir nicht einmal ein Haar krümmen wollen und sich dir gegenüber benehmen, wie es für sie ganz normal ist.

Schlimmste Zurechtweisung, unanfechtbares Urteil meiner Mutter als Richterin: »Du benimmst dich wie eine Deutsche«, wie eine »Jecke«, eines der wenigen jiddischen Wörter bei uns zu Hause. Aber auch »du sprichst wie eine Deutsche« oder »du denkst wie die Deutschen«. Manchmal benutzte sie wahrscheinlich diese Bezeichnung fälschlicherweise als Angriffswaffe, doch im allgemeinen bin ich so erzogen worden, daß ich bis in die kleinsten Einzelheiten das »wir« von allem Deutschen unterscheiden konnte, jeden einzelnen Fall, jede einzelne Verhaltensweise, geleitet vom nahezu unfehlbaren anthropologischen Spürsinn meiner Eltern.

Es war nicht schwer, diese Lektion zu lernen, haarfeine Fühler zum Wahrnehmen kleinster Anzeichen eines jeden deutschen Charakterzugs zu entwickeln, nicht in einer Wohnung, in die kaum jemand zu Besuch kam, nicht in einer Kindheit und Jugend, die ich zum größten Teil – vielleicht nur zufällig – in nahezu völliger Isolation von meinen deutschen Altersgenossen, und auf diese Weise vor der Gefahr der Kontaminierung beschützt, verbracht habe.

Dieser Spürsinn ist mit der Zeit schwächer geworden, mit meiner Ankunft in Italien, mit der Normalität eines Lebens, in dem man sich nicht mehr tagtäglich mit Vorbedacht unterscheiden muß. Jetzt denke ich, daß das Gerede meiner Mutter über die »Unterschiedlichkeit der Mentalität« zum großen Teil richtig ist. Doch so wie sie es formulierte, diente es lediglich dazu, sich ein stolzes und bewußtes Benehmen zuzulegen, während das Wesentliche doch etwas anderes war, etwas, das man nicht ausspricht, weil es ein bißchen unterhalb des Bewußtseins angesiedelt ist. Gelernt werden mußte, daß ein Hund immer ein Hund ist und dir die Hand abbeißen kann, auch wenn er jetzt mit dir spielt und dir das Gesicht abschleckt.

Darum, wegen dieses Bewußtseins von Fremdheit und latenter Aggressivität, habe ich Deutschland verlassen, darum haben meine Eltern es hingenommen, daß ich von zu Hause wegging, weg aus ihrer Freizone, um weit von ihnen entfernt zu leben, in einem anderen Land. Auch ich wollte auf keinen Fall das Risiko eingehen, »mich mit einem Deutschen zu verheiraten«, noch einen von ihnen als festen Freund zu haben. Es ist eines der wenigen unausgesprochenen Tabus, dem ich leicht folgen konnte, nicht aus Angst oder Zwang, sondern aus Instinkt und Entscheidung. Auch ich wollte auf keinen Fall Deutsche werden. Auf diese Weise bin ich es nicht geworden.

Doch die italienische Staatsbürgerschaft anzunehmen und damit die deutsche zu verlieren, weil ja das »Blutgesetz« nicht vorsieht, daß man mehreren Ländern angehört, das kommt nicht in Frage. Solange meine Mutter in der Stammrolle der Deutschen eingetragen bleibt, ist es besser, daß es auch ihre Tochter bleibt. Denn man kann nie wissen, wenn man mit den Deutschen als Ausländerin zu tun hat, oder besser, man weiß es: Sie stellen sich an, sie stellen sich schlimmer an als die anderen. Man erreicht nichts mit Freundlichkeit, mit einem Lächeln, »ach, kommen Sie, machen Sie doch bitte eine Ausnahme, tun Sie mir doch bitte diesen Gefallen«, auch nicht, wenn es denn sein muß, mit Geld. Mit der deutschen Bürokratie muß man als Deutscher umgehen oder wenigstens als offiziell Deutscher, denn schon bei einem slawischen Nachnamen im Paß kann der Bürokrat nicht anders als argwöhnisch werden.

Das alles weiß ich ganz genau, auch wenn mir das nie jemand erklärt oder beigebracht hat. So wie ich auch etwas anderes weiß: Es gibt Paß und Paß. Der deutsche hat einen höheren Wert: weil Deutschland reich und mächtig ist, weil alle dorthin wollen, um zu arbeiten, oder sich dorthin flüchten, auch wenn sich anschließend niemand dort wohl fühlt. Und auch, weil die Deutschen keine Aufenthaltsgenehmigung mehr geben, auch keine Arbeitserlaubnis, sie geben dergleichen fast niemandem mehr, nicht einmal den Verfolgten oder den Exilierten. Gar nicht zu reden von der Staatsangehörigkeit.

Es gab nur eine einzige Gelegenheit für mich, Tochter zweier Juden, die zuerst Polen waren, dann Staatenlose, diesen Paß zu bekommen. Wenn ich ihn jetzt aufgebe, verliere ich ihn für immer, denn das Opfer war ja nicht ich. Der deutsche Paß steht ganz hoch im Kurs, man muß ihn also gut festhalten.

Wegen dieser Staatsangehörigkeitsgeschichte muß ich jetzt beim Einwohnermeldeamt Schlange stehen, um eine Aufenthaltserlaubnis in Italien zu bekommen. Mein Paß ist abgelaufen, und im deutschen Konsulat hat man mir gesagt, daß man ihn nur dann erneuert, wenn ich eine Aufenthaltserlaubnis vorlege. Diese Erlaubnis habe ich nicht.

Als ich meiner Mutter den Sachverhalt am Telefon erklärte, sagte sie »aber wieso denn, du bist doch europäische Staatsbürgerin, du hast eine italienische Steuernummer und einen italienischen Wohnsitz, du bist mit einem Italiener verheiratet und zahlst auch deine Steuern, wozu brauchst du dann eine Aufenthaltserlaubnis?« Man braucht sie eben, habe ich ihr grollend geantwortet.

Denn sie hatte mir gewisse Flausen in den Kopf gesetzt und vor langer Zeit geradezu eine Theorie dazu entwickelt, schließlich würde man von meinem Aussehen her nichts erkennen, und außerdem würde niemand, wenn ich den Mund aufmachte, »hören, daß du Ausländerin bist«, und darüber hinaus hätte ich meinen italienischen Personalausweis, und wer soll schon den Stempel bemerken »nicht gültig für die Ausreise«, schließlich sei der ja auf der Rückseite. Doch wenn es wirklich darauf ankommen sollte, könne ich immer noch den deutschen Paß herausholen, weil ich europäische Staatsangehörige bin und das Recht habe, mich in einem anderen europäischen Land zu bewegen, und wer soll beweisen können, daß ich mich nicht nur dort bewege, sondern auch dort wohne? Es ist immer besser, hat mir meine Mutter beigebracht – ich weiß weder wie noch wann –, nichts mit Bürokraten zu tun zu haben, und schon gar nicht mit uniformierten. Es ist besser, keine Papiere bei sich zu haben, die dein Recht auf freie Bewegung in einem bestimmten Land in Zeit und Raum beschränken. Es ist besser, nicht in der Kartei bestimmter Ämter zu erscheinen, es ist wünschenswert, überhaupt nicht da drinzustehen.

Aus diesem Grund haben wir vor dreizehn Jahren Himmel und Hölle in Bewegung gesetzt, haben uns ein Bein ausgerissen, um meine erste Aufenthaltserlaubnis zu bekommen, die für die Immatrikulation an der Universität unbedingt erforderlich war. Dann mußte vor acht Jahren eine weitere Erlaubnis beantragt werden, weil ich heiraten wollte, auch sie unbedingt erforderlich, auch sie auf Schleichwegen organisiert, wobei wir uns wie immer an das Einwohnermeldeamt von Novara oder an das von Varese gewandt haben: das alles, um nur ja Mailand zu umgehen, das Amt, an das ich mich wegen meines Wohnsitzes hätte wenden müssen. Aber die Beamten dort waren einfach unverschämt, denn nur dort hatten sie schon damals mit Einwanderern zu tun. Weder wollte ich jemanden bestechen noch irgendein Gesetz umgehen, es handelte sich vielmehr auch in diesen Fällen um eine Art Prinzip, zumal es keinerlei Grund gab, mir eine Aufenthaltserlaubnis zu verweigern, auch in Mailand nicht.

Während meine ausländischen Freunde Tage und abermals Tage damit zubrachten, sich von den Beamten des Einwohnermeldeamtes mies behandeln zu lassen, um ihre Jahreserlaubnis zu bekommen – und wenn die Erlaubnis dann endlich vorlag, war sie entweder schon fast wieder oder tatsächlich schon abgelaufen –, bin ich nur einmal in dieses Amt gegangen und dann nie wieder. Ich beschloß, da gehe ich nicht mehr hin. So sind wir irgendwie an das Einwohnermeldeamt von Novara gekommen. Während meine Freunde sich weiterhin Jahr für Jahr die Erlaubnis unter gleichen Umständen, bei gleicher schlechter Behandlung erneuern ließen, dachte ich nicht im Traum daran. Vielleicht salbaderte ich manchmal über meine Familientheorie. Ich war bewandert darin, wie man ohne Dokumente überlebt.

Ich war bewandert darin aufgrund des Schreckens, der mir in die Knochen gefahren oder wer weiß wo aus mir hervorgebrochen war, als ein einziges Mal ein Beamter des Einwohnermeldeamts Gelegenheit hatte, seine Wut an mir auszulassen, nachdem er eine zwei Stunden lange Menschenschlange aufs unverschämteste behandelt und sich, bevor ich an die Reihe kam, über eine ganze somalische oder eritreische Familie ausgelassen hatte, einschließlich Großvater und Großmutter, die sich kaum auf den Beinen halten konnten. Ich hatte mich bescheiden vorgestellt, schüchtern, freundlich, wie eine anständige Studentin, und wurde heruntergemacht. Ich ging schreiend weg, ohnmächtig schreiend, wie jemand, der angesichts einer absoluten Kleingewaltigkeit die Kontrolle über seine Nerven verliert und ihr so die höchste Bestätigung ihrer Macht gibt.

Ich wußte, daß ich alles vermasselt hatte, ich wußte, daß man sich freundlich und bescheiden, aber nicht allzu bescheiden präsentieren mußte, immer bereit aufzuspringen, seine Rechte geltend zu machen, Rechte, die man gar nicht einmal kennen mußte, von denen man aber zu verstehen geben mußte, daß man sie hatte, mehr noch, daß man sie entschlossen und eiskalt hörbar machte. Ich dagegen fühlte mich nicht als Inhaberin dieser Rechte, noch werde ich mich jemals so fühlen. Ich war zu schwach und unerfahren, um zu wissen, wie ich meine Rolle zu spielen hatte, deshalb war ich dem nicht gewachsen. Dieser Mann in Uniform entfachte in mir ebensoviel Angst wie Wut, ja, die Wut wuchs mit der Angst, eine Raserei, von der ich nicht wußte, woher sie mir zufiel, und die ich erst jetzt zu erkennen weiß, nachdem ich sie noch mehrmals erlebt habe. Ich hätte mich auf ihn stürzen, ihn körperlich angreifen mögen: der gerechte Zorn meines Vaters, dieser gebrochene, nicht zu befriedigende Zorn, ohnmächtiger Durst nach Vergeltung, ohnmächtig, weil er weiß, daß nichts zu vergelten war, daß man sich nicht verteidigen, nicht einmal für die Zukunft schützen kann.

Ich habe diese Raserei wieder erlebt, kürzlich, als ich wegen des Passes im deutschen Konsulat war. Ich mußte warten, weil nur eine Angestellte für zwei Schalter da war: Pässe und Visa. Bei den Visa hatte sich eine lange Schlange gebildet, da mußten wohl immer viele Menschen stehen, denn man hatte eine Maschine für die Vergabe von Nummern eingeführt, wie die an den Wurst- und Käsetheken in den italienischen Supermärkten. Unter den Menschen waren ein paar Araber und ein paar Russen, doch die Mehrzahl von ihnen tauschte Informationen in einer slawischen Sprache aus, von der ich ein paar Fetzen auffing: das Serbo-Kroatische beinahe aller Staatsangehörigen des ehemaligen Jugoslawiens, die dort im Konsulat miteinander redeten, als wäre nichts weiter.

Während ich wegen der Paßangelegenheit wartete, gelegentlich mit förmlicher Höflichkeit gebeten wurde, mich noch zu gedulden, waren zwei Männer fluchend weggegangen, drei junge Frauen verließen den Schalter in Tränen aufgelöst oder sie mit Mühe unterdrückend. Alle hatten lange Verhandlungen hinter sich oder waren viele Male umsonst zurückgekommen, immer mit einem der ungefähr zwanzig Dokumente, das nicht in Ordnung gewesen war oder gefehlt hatte.

Eine bosnische junge Frau, mit einem Italiener verheiratet, der sie wahrscheinlich begleitet hatte, um zu beweisen, daß seine Frau kein lumpiger Flüchtling mehr war, hatte darum gebeten, ihren Vater in Deutschland besuchen zu können. Doch ihr Vater mußte von Deutschland aus irgendein Dokument beibringen und hatte nicht das richtige geschickt, und wenn er sich nicht beeilte, würde der Antrag auf Visumerteilung verfallen und alles müßte von vorne beginnen. Inmitten dieser Menschenmenge, die sich weder auf italienisch noch auf deutsch hinreichend ausdrücken konnte, war es leicht, sich einen alten Bosnier vorzustellen, der sich mit Gesten durch die deutschen Büros bewegte und ebenso oder auch schlimmer behandelt würde.

An diesem Punkt interessierte es mich nicht, ob die Frau, die geweint hatte, weil sie das gesamte Verfahren zum dritten Mal beantragen mußte, weil sie das eine Mal, als sie die Genehmigung erhalten hatte, sich nicht von ihrer Arbeit freimachen konnte; es interessierte mich nicht, ob diese Frau, die gesagt hatte, sie müsse eine kranke, schwerkranke Freundin besuchen, gelogen hatte oder nicht; es kümmerte mich einen Dreck, daß sie etwas von einer Hure hatte, und auch, daß die Gesichter einiger Männer reichlich brutal aussahen; es interessierte mich nicht, wer diese Menschen waren; mich interessierte nur die Angestellte hinter der Mattscheibe, die Angestellte, die alle diese Personen mit der gleichen verärgerten Unerbittlichkeit wegschickte.

»Sie sind eine schlechte Frau«, hatte die Schöne, die etwas von einer Hure hatte, in ihrem schwerfälligen Italienisch zu ihr gesagt, längst unfähig, ihre Worte noch zu kontrollieren, und ich dachte, das stimmt, die ist wirklich eine, die es genießt, aber so tut, als würde sie nur ihre Arbeit verrichten, und die anderen begreifen nicht, daß keine Sondergenehmigungen ausgestellt werden. Während ich auf meinen Vorgang als deutsche Staatsangehörige wartete, habe ich gespürt, daß ich ihr gerne ein paar an einen Fluch heranreichende Unverschämtheiten ins Gesicht geschrien hätte, ich wünschte ihr, woanders, in einem anderen Volk, wiedergeboren zu werden und das gleiche durchzumachen, was sie denen antat, die sie, freundlich oder am Ende ihrer Kräfte, vergebens vor dieser Glasscheibe anflehten.

Doch inzwischen hatte ich bereits erfahren, daß sie mir den Paß in jedem Fall geben mußten, zumindest einen vorläufigen, gültig für ein Jahr, auch ohne Aufenthaltserlaubnis, und redete mit dieser Frau auf deutsch, in meinem überdeutlich ausgesprochenen, offiziellen Deutsch.

Liebe Mama, ich erzähle Dir, wie ich mich bis jetzt mit meiner Paßgeschichte und der Aufenthaltserlaubnis durchgeschlagen habe. Sag mir, ob Du ein bißchen stolz auf Deine Tochter sein kannst.

Ich gehe mit dem Paß zum Konsulat, und dort sagt man mir, daß ich verschiedene Dokumente brauche, unter anderem die Aufenthaltserlaubnis. Ich sage, die hätte ich nicht.

Man fragt mich, wieso, und ich antworte prompt, ich hätte sie zusammen mit dem Portemonnaie verloren. Man fragt mich »aber wissen Sie denn nicht, daß man Anzeige erstatten muß?« Ich antworte nein, tut mir leid, so, als würde ich aus allen Wolken fallen. »In Ordnung, kommen Sie mit der neuen Aufenthaltserlaubnis wieder zurück.« Ich sage in Ordnung, danke, und gehe.

Besser, beim ersten Mal nicht darauf bestehen, sonst werden sie ungehalten und wittern irgend etwas Krummes. Ich gehe also zum Einwohnermeldeamt, um mir die Liste mit den erforderlichen Dokumenten für die Aufenthaltserlaubnis zu besorgen. Dabei kann ich mir ja einen Eindruck verschaffen und sehen, was sich in dreizehn Jahren verändert hat. Das Ausländerbüro ist nicht mehr da, wo es früher war, es ist verlegt und immens vergrößert worden. Jetzt wirkt es wie ein normales Büro, fast wie eine große Filiale der Telefongesellschaft oder der Stadtwerke, es hat nicht mehr diesen Polizeicharakter.

Ich habe auch gehört, sie seien blitzschnell geworden, und wahrscheinlich bin ich deshalb so eilig dorthin gegangen. Es hat wirklich den Anschein. Hinter den Glasscheiben habe ich junge Gesichter gesehen, die nicht sonderlich motiviert aussahen, dort zu sein. Und dann ist draußen eine ungeheure Schlange von Menschen, die hineinwollen, und drinnen quetschen sie sich zu Hunderten vor den Schaltern, Menschen aller Rassen, fast alle aus Ländern außerhalb der Europäischen Union. Mir kommt der Gedanke, daß die Beamten beim Einwohnermeldeamt nicht mehr die Zeit und auch nicht mehr die Lust haben, sich festzubeißen, und sollte sie diese Lust doch überkommen, ist es unwahrscheinlich, daß es gerade mich trifft, eine deutsche Staatsangehörige, die so gut Italienisch spricht.

Mit mir sind sie dann auch freundlich gewesen, selbst als ich um Auskünfte an einem Schalter bat, der nicht der richtige war. Ich erfuhr, daß man zwei Arten von Aufenthaltserlaubnis erteilen könne: eine für Arbeit, die andere für eine Eheschließung mit einem Italiener. Ende der Erkundung.

Nach kurzem Nachdenken entschloß ich mich, die zweite Art von Aufenthaltserlaubnis zu beantragen, einmal, weil weniger Dokumente notwendig sind, zum anderen, weil ich befürchtete, daß sie mir irgendwelche Schwierigkeiten wegen des Arbeitsvertrags machen, der nur für ein Jahr gilt. Die Dauer der Aufenthaltsgenehmigung ist die gleiche: fünf Jahre.

In der Folgezeit sind die Dinge weniger gut gelaufen, denn das Büro ist nur an vier Tagen der Woche geöffnet, und zweimal hat man mich wegen des Andranges nicht vorgelassen. Das geht so: wer zu einer bestimmten Zeit drinnen ist, ist drinnen, und wer draußen ist, muß am nächsten Tag wiederkommen. Am Ende habe ich mich früh am richtigen Tag eingefunden und erfahren, daß mein Paß nicht mehr gültig ist, weil er in Kürze abläuft. Ich habe protestiert, gewaltig protestiert, habe gefordert, mit einem der Büroleiter zu sprechen, doch dann habe ich mich entschlossen, die Sache sausen zu lassen und lieber eine Szene im Konsulat zu machen.

Ich komme zum Konsulat und sage: Was denn, ihr habt mir doch gesagt, daß ich für den Paß eine Aufenthaltserlaubnis brauche, und die da sagen mir, daß ich für die Aufenthaltserlaubnis einen Paß brauche, das ist unmöglich, einigt euch. Das habe ich nicht genau so gesagt, aber mehr oder weniger so. Das ganze natürlich in einem entschiedenen Deutsch. Und tatsächlich hat die Angestellte eingeräumt, daß es natürlich die Möglichkeit gebe, einen provisorischen Paß auszustellen, mit dem ich die Aufenthaltserlaubnis beantragen könne, um dann mit der Erlaubnis für den endgültigen Paß zurückzukommen. Das dauert eine Woche. Mit dem Paß geht die Sache dann in Ordnung.

Jetzt muß ich also nur ein bißchen warten, bevor ich wieder zum Einwohnermeldeamt gehe. Ich will sicher sein, daß die da mein Gesicht vergessen hat. Die da. Ja, denn leider ist es eine Frau, die hinter dem einzigen für Staatsangehörige der EU vorgesehenen Schalter steht. Aber vielleicht ist sie ja nicht jeden Tag dort, den Gott werden läßt.

Unseligerweise bemerkt man beim nächsten Mal, daß ich die Verlustanzeige über die vorherige Erlaubnis nicht habe, und fordert mich auf, augenblicklich Anzeige zu erstatten, auf der anderen Seite des Amts. Schnell wäge ich ab, ob ich es wagen könnte, und komme zu dem Schluß, ich sollte es sofort versuchen, um Zeit zu sparen: Wenn sie Schwierigkeiten machen, könnte ich immer noch zur Polizei hier in der Nähe gehen, wo sie immer äußerst freundlich gewesen sind. Aber da taucht das Unerwartete auf: Sie haben alles im Computer. Ich erzähle von einer Aufenthaltserlaubnis, die vom Einwohnermeldeamt in Varese vor gut einem Jahr ausgestellt worden sei, »verzeihen Sie, aber ich erinnere mich nicht mehr ganz genau«, und die da kontrollieren im Computer, finden aber nichts.

Mama, zu Deiner Zeit hatten sie, zum Glück, noch keinen Computer.

Aber nun war ich einmal da, fliehen konnte ich nicht. Ich setze ein ruhiges Gesicht auf und blättere den *Corriere* durch, den ich absichtlich mitgenommen habe. Sie sagen, sie fänden nichts. Ich sehe sie fragend an und sage nur, tja, dann weiß ich auch nicht ... Sie verschwinden wieder, um noch einmal im Computer nachzusehen, so um die zehn Minuten. Endlich kommt einer zurück und fragt mich, ob sie vielleicht einen Fehler beim Aufschreiben meines Nachnamens gemacht haben könnten. Ich antworte, nicht besonders begeistert, daß mir das schon passiert sei, ehrlich gesagt, passiere mir das häufig. Weitere Minuten des Wartens. Zum Schluß geben sie mir ein Formular zum Unterschreiben und weisen mich eindringlich darauf hin, ihren Kollegen die Sache mit dem Computer zu sagen. Ich versichere, daß ich das ohne weiteres tun werde. Ich verabschiede mich dankend und bitte um Entschuldigung für die Störung. Ich spüre ein unbändiges

Vergnügen, sie hereingelegt zu haben, und bin stolz auf mich. Ich hoffe, Du bist es auch.

Doch als ich mit allen notwendigen Dokumenten zum Schalter des Ausländerbüros komme, einschließlich der Verlustanzeige, steigt der, der hinter dem Schalter steht, ebenfalls in den Computer, kontrolliert die Daten von Varese und sagt, ich müsse nach Varese fahren und mir ein Duplikat der Erlaubnis anfertigen lassen. Hinter mir stehen viele Menschen, es ist spät, ich habe drei Stunden in der Schlange gestanden, weil eine Sonderindemnität für Angehörige aus Nicht-EU-Staaten im Gange ist, die vor dem Einwohnermeldeamt schlafen und deren Schlange jedesmal bis zur Piazza Cavour reicht. Auch den Schalter für Staatsangehörige der EU gibt es nicht mehr. Ich dachte mir, es wäre nicht schlecht, wenn ich mich unter die Nicht-EU-Staatsangehörigen mische, aber als Vorteil hat sich das auch nicht herausgestellt. Der Beamte ist müde, man muß ihn machen lassen.

Mama, seit jenem Augenblick frage ich mich, was ich denn falsch gemacht habe. Sag Du es mir. Ich habe mich immer in gepflegter, einfacher Kleidung im Einwohnermeldeamt eingefunden, wie ein ernsthafter Mensch, der arbeitet, wie eine ordentliche Ehefrau, mit einem diskreten Make-up.

Was wäre jetzt das Gescheiteste? Versuchen zu sagen, daß es im Computer nicht gefunden werden könne, weil ein Schreibfehler meines Namens vorliege, wie schon der Kollege festgestellt hat? Und wenn ich das Duplikat trotzdem beibringen muß? Nach Varese fahren? Obwohl ich nicht einmal sicher bin, jemals eine Aufenthaltserlaubnis von diesem Einwohnermeldeamt bekommen zu haben, wie stehe ich dann da?

Sicher, in diesen Dingen muß man ernsthafter sein, da geb ich Dir Recht. Wenn sie mich erwischen, könnten sie denken, ich hätte etwas zu verbergen.

Und was, wenn ich einfach hinginge und sagte, daß ich eine Erlaubnis beantragen müsse, und die Verlustanzeige zu Hause ließe?

Dem Buchstaben des Gesetzes zufolge müßten sie mir diese Erlaubnis geben, Computer hin, Computer her, aber wer weiß, was für Schwierigkeiten sie mir machen, da ich doch seit acht Jahren verheiratet bin und meinen Aufenthalt nie geregelt habe. Ich kann denen da ja nicht erklären, ich hätte in den ganzen acht Jahren die Aufenthaltserlaubnis aus historischen und familiären Gründen nicht beantragt, und eben diese Gründe würden mich daran hindern, Büros der Polizei und ähnlicher Behörden aufzusuchen. Was können sie mir schon tun?

Leider ist mir klargeworden, daß Deine Unterweisungen mich in eine heikle Lage gebracht haben. Ich habe noch etwa sechs Monate Zeit, um mir etwas einfallen zu lassen, wie ich da herauskomme. Bis dahin ist mein Paß gültig.

Sie wurde aufgrund eines Fehlers geschnappt. Monatelang war es ihr gelungen, durch das Netz der Deutschen zu schlüpfen, mit ihrem falschen Paß, ihren blondierten Haaren, ihrem kleinen herzförmigen Medaillon, das zu einem Kreuz umgearbeitet worden war, und mit ihrem Polnisch einer Polin, sogar mit ihrem Deutsch, das sie in der Schule gelernt hatte und schlecht sprach, wie es in Schlesien nur die Polen sprachen. Sie, die aus einer Familie stammte, in der man Schinken aß und kein Jiddisch sprach, obwohl das Haus ihrer Familie im Zentrum lag, inmitten anderer jüdischer Häuser und Geschäfte, und obwohl das Jiddische den anderen Juden die Kommunikation mit den Deutschen erleichterte, es den Polen allerdings auch leichtmachte, sie an ihrem Tonfall zu erkennen, sie, die die einzige Jüdin war, die zusammen mit zwei weiteren Mädchen auf das private polnische Gymnasium ging und nicht auf das jüdische: Sie hatte Bekannte, Freundinnen und Freunde unter den Polen, eine Außenwelt, in der sie sich zu bewegen wußte und die ihr teilweise entgegenkam. Eine Woche nach ihrer Flucht ist sie in die Wohnung ihrer besten Freundin gegangen, Nelly, Tochter eines Kollegen ihres Vaters, eine Österreicherin, die, in Polen aufgewachsen, heute in Wien lebt. Sie hatte ihr geholfen, die Haare zu bleichen, vielleicht war es auch ein Einfall der Freundin gewesen, nur daß die Haare nicht nur blond wurden, sondern auch glatt wie Spindeln und vor allem dehnbar wie Gummi, und es scheint, daß meine Mutter in Tränen ausgebrochen ist, als sie sich so sah.

Außerhalb des Ghettos gingen Patrouillen herum, es war nicht leicht durchzukommen. Dann hatte ich eine günstige Stelle gefunden, aber auch da stand ein Polizist. – Ein Polizist? – Ein Deutscher, ein Wachmann. Er blickte in eine andere Richtung, aber ich hatte Angst bekommen: Hatte er mich nun gesehen oder nicht? Da bin ich zu ihm gegangen und hab ihn gefragt, was hier eigentlich los sei. – Auf deutsch? – Was denn sonst? – Mamma mia. – Er hat geantwortet: Wir müssen eine Angelegenheit mit den Juden regeln. Dann hat er mich gehen lassen. Er hat in eine andere Richtung geschaut, das hat er absichtlich getan, heute bin ich mir dessen sicher, schreib das.

In jener Nacht ist meine Mutter zu Zbigniew gelaufen, um sich zu verstecken, zu Zbigniew, ihrer ersten großen Liebe, und er hat sie bei sich zu Hause aufgenommen, trotz seines antisemitischen Vaters.

Ich weiß nicht genau, warum ihre Geschichte zu Ende gegangen ist, aber Zbigniew hat ihr nach dem Krieg geschrieben und ihr Ketten und Masken aus Ghana geschickt, wohin man ihn als Chirurg entsandt hatte, und jetzt, da er tot ist und die Grenzen sich geöffnet haben, ist sein Sohn verschiedene Male nach Deutschland gekommen, um ein bißchen Geld zu verdienen, und ist dann immer zu Gast bei meiner Mutter gewesen, die er, ich weiß nicht seit wann, Tante nennt. Vielleicht ging es zwischen Zbigniew und ihr zu Ende, weil ihr klargeworden war, daß all die polnischen Lieder, die sie gesungen hatte und noch immer singt, von den sentimentalen bis hin zu den unanständigen, nicht mehr ausreichen, daß es nichts nützte, bei Chopins Musik ergriffen zu sein, auch wenn sie heute noch von ihr ergriffen ist, daß der Schinken, das Bad im Haus, die Tennisstunden und der Brauch, Blumen mitzubringen, wenn man eingeladen ist, nicht mehr ausreichten, daß sie keinen Wert mehr hatten. Daß sie mit Juden zusammen sein mußte, daß es ein Zwang war, aus dem eine eigene Entscheidung werden sollte.

Im Ghetto, das das Zentrum von Zawiercie war, von einer Mauer umschlossen, das Zentrum, wo ihr Haus lag und die

Häuser und Geschäfte der anderen Juden, wo sich nun alle drängten, die vorher außerhalb dieses Gebietes oder in den umliegenden Orten gewohnt hatten, im Ghetto hatte meine Mutter meinen Vater kennengelernt, Sohn einer kinderreichen, orthodoxen Familie, einer Kaufmannsfamilie, die reicher war als ihre, in der die Mutter den Zuckergroßhandel leitete und irgendwie auch die sieben Kinder erzog, die, wenn sie nach Hause zurückkehrten, Frikadellen aus riesigen Blechen aßen, die im Backrohr warm gehalten wurden, jeder für sich und wie es ihm paßte.

Zbigniew war galant wie alle Polen, die noch heute eine Frau mit Handkuß begrüßen, er muß Spaziergänge auf dem Land geliebt haben, und ich glaube, auch Musik und Dichtung, und das alles mochte auch meine Mutter, nicht, weil es einer Leidenschaft von ihr entsprochen hätte, sondern nur, weil es richtig war, daß es in der Liebe so ist. Mein Vater dagegen ging während seiner Gymnasialzeit mehr zum Fußballspielen als in die Schule und brachte seine Mutter damit zur Verzweiflung, die keine Zeit hatte, ihn zu beaufsichtigen. So trieb er sich herum, solange und wo er wollte, und manchmal kam er schlimm zugerichtet und zerschrammt nach Hause zurück, weil er sich geprügelt hatte, und bezog dann weitere Prügel von seiner Mutter. Von diesen Jugendkämpfen zeugte seine Boxernase, durch die er an manchen Tagen nur schwer Luft bekam.

Rache für den ihm gegenüber zur Schau getragenen Hochmut des Klassenbesten, den mein Vater in seinen Geschichten immer nur »Kujon« nannte, Streber oder Büffler, hatte ihn angetrieben, sich im letzten Gymnasialjahr hinzusetzen und zu lernen, und mit einer verzweifelten Anstrengung war es ihm dann schließlich gelungen, das beste Abitur der gesamten Woiwodschaft zu machen. Das war sogar eine Nachricht in der Zeitung wert, eine Nachricht, die meine Mutter damals auf die Existenz dieses Jungen aufmerksam gemacht hatte, der fünf Jahre älter war als sie, und in der Folgezeit wurde er dann für sie interessant.

Sie haben sich im Ghetto kennengelernt und zusammengetan, auch weil mein Vater der richtige Mann für die Zeit und den Ort damals zu sein schien, ein Ort, den man nur verließ, um in den deutschen Fabriken arbeiten zu gehen, begleitet von Deutschen und Hunden.

Er konnte Hebräisch und Jiddisch, er kannte die Gebete und das Notwendigste aus dem Talmud, und den anderen Juden kam er wie einer von ihnen vor, er wurde kein bißchen beargwöhnt, was der Fall gewesen wäre, wenn er sich in ihrer Sprache nicht hätte ausdrücken können, er kannte Zionisten, Kommunisten und Sozialisten des *Bunds,* er war mit der Kunst des heimlichen Wodkabrennens vertraut und mit dem Schwarzhandel im allgemeinen, er hatte breite Schultern und mächtige Hände, die ich in Miniaturform geerbt habe, die massige Körperfülle und Gangart eines Menschen, der sich zu verteidigen weiß, und den Ruf, mutig und intelligent zu sein. Doch dann entdeckte man, daß er gut sang und gerne für meine Mutter sang, auch wenn Geschenke und Blumen ihm fremd blieben. Er konnte sogar über Bücher reden, Bücher, die er verschlang, und als sie dann aus dem Ghetto geflohen waren, meine Mutter allein und im letzten Augenblick, mein Vater schon vorher und mit einem ganzen Anhang jüngerer Geschwister und Neffen und Nichten, waren sie, glaube ich, verliebt.

Ich weiß nicht, ob meine Mutter wußte, wie sie ihn erreichen konnte, und ich weiß nicht, wie maßgeblich er bei ihrer Entscheidung zu fliehen gewesen war. Weniger als die Eltern, weniger als ihre Mutter, das ist sicher. Ich glaube verstanden zu haben, daß am Ende nur die Kraft des Lebenswillens zählt: diese Kraft ist, mehr als der Wille, bei jedem anders.

Aber ich kann mir durchaus die klaren, eindringlichen Worte meines Vaters vorstellen, etwa »hier bringen sie uns um, und du, worauf wartest du noch?«, seine Verteidigung des Grundsatzes »rette sich, wer kann«, seine Anweisungen, sofort jeden Aufschub, jeden Widerstand zu vergessen, der einem von der guten Erziehung beigebracht wurde. Jedenfalls haben sie sich draußen wiedergefunden und sind zusammen geflohen.

Als der Bruder meines Vaters, Jossele, eine Nichte und ich erinnere mich nicht mehr wer noch geschnappt wurden, waren sie in einem anderen Haus versteckt. Sie beschlossen, daß sie nicht mehr als Gruppe zusammenbleiben könnten, daß sich jeder alleine durchschlagen müsse, meine Mutter, mein Vater, Mietek, der älteste Neffe, während sie den noch ganz kleinen Benjamin Polen anvertrauten, die ihn Ziegen hüten und in einer Hundehütte schlafen ließen. Doch als meine Mutter nach dem Krieg auftauchte, um ihn wieder mitzunehmen, scheint es, daß er seine Ziegen nicht verlassen wollte und völlig verzweifelt weinte.

Die anderen sind tot, tot die Eltern von Mietek und Benjamin, die Eltern meines Vaters, alle seine sechs Brüder, zahlreiche Tanten, Onkel, Cousinen und Cousins, vom ersten bis zum letzten Grad, wie auch alle Verwandten meiner Mutter, ihr Bruder, ihr Vater, ihre Mutter.

Während sie sich aus dem Staub machte, allein, hat meine Mutter, ich weiß nicht wie, erfahren, daß ihr Vater nicht nach Auschwitz gekommen war. Aber vielleicht war er doch dort, ich erinnere mich nicht, jedenfalls war es so, daß er, Direktor einer noch heute existierenden Kristallfabrik, für den Ablauf des Betriebs unentbehrlich war, und so hatten sie sich dafür eingesetzt, ihn wieder zurückzubekommen. Sie hatten ihn innerhalb der Fabrik untergebracht, dort blieb und arbeitete er und konnte natürlich nicht hinaus, doch auch das wußte meine Mutter. Irgendwann hatte sie durch einen von ihrem Vater hochgeschätzten Kollegen einen Brief von ihm erhalten, in dem er ihr ein Treffen vorschlug. Der Kollege begleitete sie zum Treffpunkt, und dort stieß sie auf die Gestapo statt auf ihren Vater. Sie haben sie wegen eines dummen Fehlers geschnappt, sagt sie, als sie die ganze Geschichte während unserer Polenreise erzählt, wie konnte sie diesem Mann nur vertrauen?

Sie beklagt sich oft darüber, naiv zu sein und allzu vertrauensselig. Vorige Woche ist eine Tragödie passiert: ihre Teppiche seien gestohlen worden. Sie ruft mich morgens an, ich aber komme nicht ans Telefon, weil ich Zigaretten kaufen gegangen bin, ein paar Stunden später versucht sie es noch einmal, aber es ist besetzt, sie versucht es noch einmal, dann schickt sie mir ein Fax mit der Aufforderung, mich sofort mit ihr in Verbindung zu setzen, sie ruft meine Portiersfrau an, sie solle mich über die Haussprechanlage informieren, und läßt die gleiche Nachricht auf dem Anrufbeantworter meiner Etagennachbarin.

Als sie mich telefonisch erreicht, röchelt sie mit der Stimme einer Sterbenden in die Sprechmuschel, daß sie auch sterben könne, aber nicht gestorben sei, daß sie sterben werde, ohne mich erreichen zu können, weil ich immer am Telefon hinge. Und weil sie die Lautstärke erhöht wie bei ihren üblichen Szenen und weil ich an oft vorausgegangenen falschen Alarm denke, der über die Haussprechanlage mitgeteilt worden war, schreie auch ich sie an, sie solle endlich mit den Tragödien aufhören, und da erzählt sie mir von den Teppichen.

Daß sie sie in den Keller habe bringen lassen, weil der Teppichboden erneuert werden mußte, und daß sie vergangene Nacht aus irgendeinem Grund aufgewacht und in den Keller gegangen sei, um nachzusehen, ob die Teppiche da waren, aber die Teppiche waren nicht mehr da, und sie fügt gleich hinzu, daß ich sie, wenn sie mir eine Nachricht hinterlasse, gleich zurückrufen müsse. Ich erwidere, daß ich gestern abend erst spät nach Hause gekommen, heute morgen einkaufen gegangen sei, danach die Nachrichten beantwortet und auch sie angerufen hätte, und während ich mit ihr rede, wird mir klar, daß ihre Stimme auf dem Anrufbeantworter vor der Entdeckung des Diebstahls aufgezeichnet wurde. Aber schon fragt sie mich, wo ich gestern abend gewesen sei und mit wem zusammen, und warum ich meine Mutter nicht vor allen anderen anrufe. Da habe ich sie gefragt, ob es nicht angebracht sei, das Mutter-Tochter-Psychodram ausnahmsweise zu unterbrechen und lieber daran zu denken, was jetzt getan werden müsse.

Sie brummelt irgend etwas von Problemen mit der Versicherung und erklärt, dem Heulen nahe, wie leid ihr es tue um die Teppiche, »die eines Tages doch dir gehören sollten, und ich habe dieser Frau immer vertraut, ich bin einfach naiv«, und daß sie gesehen habe, wie ihre Haushaltshilfe die Teppiche in den Aufzug gestapelt hat, und dann diese persönliche Enttäuschung, »ich, die ich ihr vertraut habe und sie gern mochte, sie und ihren Bruder, die beide so freundlich und anhänglich schienen, die mir Ansichtskarten aus Polen schickten, und ich, die ich die Polen immer in Schutz genommen habe, nicht wie all die anderen Juden, die sagen, sie seien schlimmer als die Deutschen, doch die war nur durchtrieben, diese beiden sind eine Bande, eine richtige Bande«, denn als sie neulich angerufen habe, war die Frau noch zu Hause, normalerweise gehe sie früher weg, was bedeute, daß sie auf den Bruder gewartet habe, der gegen diese Uhrzeit seine Arbeit in der Portiersloge beende, sie wartete auf ihn, um die Teppiche wegzuschaffen, und dann habe sie bemerkt, daß sie nicht einmal wußte, wo sie wohnten, weder sie noch er, »und da soll man einem noch vertrauen, Wohlstand ist ein Gift, das jeden korrumpiert, jeden einzelnen, und diese Teppiche hatten einen emotionalen Wert«, gesagt mit erschöpfter, erstickter, harter, vom Weinen belegter, entflammter, kalter, schneidender Stimme, in einem einzigen Atemzug, immer wieder gespickt mit gegen mich gerichteten Pfeilen.

Ich habe ihr ebenfalls böse geantwortet, daß jemand, der reich ist, Gefahr läuft, bestohlen zu werden. Dann habe ich sie mindestens noch dreimal angerufen, um zu hören, wie es ihr gehe und ob es Neuigkeiten gebe, denn ich wußte, daß sie mich nicht anrufen würde.

Aber ich konnte einfach kein Bedauern empfinden, denn ich konnte nicht einschätzen, wieviel Wahres und wieviel Unwahres dahintersteckte, inwieweit es das übliche Spiel war, mit mir in der Rolle des nichtswürdigen Geschöpfs und ihr in der Rolle der Heiligen, inwieweit der übliche Aggressionsausbruch gegenüber dem, der dazu verurteilt ist, ihn zu ertragen, wie sehr es ihr leid tat um die Teppiche, wie sehr um den emotionalen und wie sehr um den materiellen Wert, wie sehr um die Frau und ihren Bruder: jene Frau, über die sie einmal gesagt hatte »siehst du, nicht alle Polen hassen die Juden, es kommt immer darauf an, mich zum Beispiel liebt meine Stasia«, womit sie zu verstehen gab, daß sie ja anders war als die anderen Juden.

Und ich konnte nicht verstehen, wie es möglich gewesen sein soll, sie zu hintergehen, ausgerechnet sie, die einen jedesmal fragt, wo man gewesen ist, mit wem, wer ist das, was macht er, was macht sie, was machen ihre Eltern, Ehemänner und Ehefrauen, sie, die meine Freunde und ihre eigenen Freunde beargwöhnt, von anderen, Untergebenen oder Bekannten, ganz zu schweigen, sie, die nicht unbedingt für wahr hält, was andere ihr sagen, sie, die in ihren panischen Momenten keinem mehr vertraut. Und dann konnte ich nicht verstehen, wie ich übrigens noch nie verstanden habe, ob diese Neigung zum Argwohn, dieser Zug an ihr – den ich als paranoid bezeichne, um ihn mir vom Leib zu halten, weil er mir das Verhältnis zu ihr so schwergemacht und ihr manchen schlimmen Streich gespielt hatte –, von ihrer Flucht mit dem falschen Paß, mit dem Kreuz und den blondierten Haaren, von Menschen wie dem Kollegen ihres Vaters herrührte oder eher von der Last der angehäuften Güter und von der Stellung einer Unternehmenschefin, denn häufig trifft man diesen Zug bei den Reichen und Mächtigen an, es braucht keine Ausrottung, um ihn hervorzubringen. Und deshalb regte sich kein Bedauern bei mir.

Dennoch hatte man sie bei anderen Malen hintergangen, hatte man sie enttäuscht, ob sehr, ob wenig, ist unerheblich. Und Stasia hatte sie vertraut, einer Frau, die sie liebte. Und es tat ihr leid, weil sie sie ebenfalls liebgewonnen hatte. Und es tat ihr leid um ihre Teppiche, weil sie ihre einzige Leidenschaft waren, weil sie sie erworben hatte, als mein Vater noch lebte, und weil sie sie mir vererben wollte. Und es tat ihr leid wegen des Werts, den ihre kaukasischen Teppiche, die sie damals für wenig Geld gekauft hatte, heutzutage haben mußten. Und wegen der Versicherung, die ihr nichts ersetzen würde. Und wegen des antisemitischen polnischen Volks, das sie, trotz allem, ja mochte. Und während ich das nach und nach begriff, tat es schließlich auch mir leid.

Ich dachte voller Wut, daß, wenn es etwas gab, das aus der Anonymität dieses reichen, eleganten Hauses nicht verschwinden sollte, das keine Gegenstände enthielt, die von ihrem Wert her über Reichtum und Eleganz hinausgingen, aus einem Haus, in dem es nichts gab, das Geschichte und Erinnerung besaß, es diese verdammten Teppiche waren, und ausgerechnet die hatte man weggeschafft, als wäre es nicht genug, daß man meinen Eltern bereits alles weggenommen hatte. Und daß vielleicht diese Teppiche, die für mich lediglich schöne Gegenstände waren, die meine Mutter gekauft hatte, einen neuen Anfang hätten darstellen können, sie hätten die Teppiche der Mutter und dann die Teppiche der Großmutter werden können, eine Spur von Kontinuität durch Zeit und Raum.

Am Tag darauf haben wir uns wieder versöhnt, ich sprach mein Bedauern aus, sie erklärte beinahe unbeschwert »lassen wir die Teppiche, die wirklichen Verluste sind ganz andere«, und am jeweiligen Ende des Telefons haben wir beide beim Gedanken an meinen Vater mit den Tränen gekämpft. Ich begriff, daß der Wechsel in dieser zuerst resoluten und dann bewegten Stimme nicht der einer reichen Dame war, sondern der eines Menschen, der, zumindest teilweise, so tat, als wäre er all das und wollte es auch sein. Daher verzweifelt man einen Augenblick, man verzweifelt nicht nur über einen Teppichdiebstahl, sondern auch über die Rolle, die einem weggenommen wird, wegen der Fiktion, die man für einen Augenblick nicht durchhalten kann, und wenn diese Person erkennt, daß die Fiktion eine Fiktion ist und sie Familiengegenstände, Gegenstände von emotionalem Wert, nicht besitzt und sie sich nicht erlauben kann, dann kommt sie wieder zu sich und erkennt, daß kaum etwas passiert ist, und kehrt dann gleich wieder zu ihrer Rolle als Dame zurück.

Aber diese Teppiche sind nie gestohlen worden. Am nächsten Tag fanden sie sich irgendwo im Haus wieder. Frau Stasia hatte sie nicht in den Aufzug gestapelt. Meine Mutter vertraut nicht einmal sich selbst. Lieber löst sie gleich falschen Alarm aus, als auch nur im Traum eine falsche Bewegung, einen verhängnisvollen Fehler zu riskieren.

In diesem Licht scheint alles so klar. Die Eltern wissen, daß ihre Kinder Fehler machen und daß man sie dazu erziehen muß, keine Fehler zu begehen. Doch einige, glaube ich, wissen, daß man auch aus Fehlern lernt. Viele andere wollen davon nichts wissen und wissen es dennoch, weil es bei ihnen ebenso gewesen ist. Meine Mutter dagegen weiß, daß sie, wenn sie einen Fehler macht, erledigt sein kann. Daher muß sie ihre Tochter nicht nur dazu erziehen, keine Fehler zu begehen, sie muß verhindern, daß sie Fehler begeht, und zwar hier und jetzt. Daher kann meine Mutter ihre erzieherische Aufgabe solange nicht für abgeschlossen halten, wie ich Fehler mache. Und ich werde immer Fehler machen, vielleicht nur in ihren Augen, vielleicht aber auch wirkliche, so wie sie selbst, die, trotz allem, ebenfalls Fehler begeht. Und das Gefühl von Machtlosigkeit, das ihr aus diesem Wissen kommt, vergrößert nur ihren Eifer und ihre Rage. Aus diesem Grund erzieht meine Mutter nicht, sondern drillt.

Drill ist etwas anderes als Erziehung, weil er versucht, das, was er lehrt, in einen Reflex zu verwandeln. Jedesmal, wenn ich einen vermeintlichen oder wirklichen Fehler machte, reagierte meine Mutter und reagiert noch heute. Es scheinen bedeutungslose Dinge zu sein, wie etwa, daß ich, wenn ich koche, nicht gleich wieder die Dosen oder die Schranktüren zumache, oder auch jede andere Unachtsamkeit und Vergeßlichkeit, aber irgend etwas aufzuschieben oder zu vergessen kann wohl ein sehr schwerwiegender Fehler sein. Beim Drill ist die Anwendung von Gewalt als Methode oder Sanktion vorgesehen, und tatsächlich schrie meine Mutter, ging vom gerade gemachten Fehler aus, von den Kartoffeln, die ich nach meiner Rückkehr nach Hause nicht aufgesetzt hatte, fing, sich immer mehr steigernd, an zu brüllen, ich sei unzuverlässig, mache nur das, was mir gefalle, alle anderen würden mich einen Dreck scheren, eine Egoistin, genau das bist du, eine gemeine, widerliche Egoistin.

Sie hat nie Hand an mich gelegt, auch nicht, um mir eine Ohrfeige zu verpassen, aber ich habe in einem Film einen amerikanischen Offizier *Marines* drillen gesehen, wobei er immer wieder brüllte »Scheißkerle« und »Arschlöcher« oder andere Freundlichkeiten dieser Art. Das ist notwendig, damit der Untergebene wenigstens ein bißchen glaubt, daß er ein Scheißkerl ist und gut formbar wird.

Meiner Mutter, die eine Dame ist, ist nur selten und in Augenblicken größten Zorns eine vulgäre Beleidigung entschlüpft, was bei einem Streit mit ihr leider mir und meinem Vater viel öfter passierte. In solchen Fällen zeigte sie sich tödlich verletzt und gewann Punkte. Im übrigen konnte sie ohne Obszönitäten auskommen, sie schlug weniger fest, dafür aber gezielter, sie kannte ihre Pappenheimer gut. Außerdem zählt nie das einzelne Wort, sondern die Wucht des Aufeinanderprallens, zählen die Gesten, die Töne und die Stimmfärbungen, die Wirkung der Stimme, die Mimik des Gesichts, flammende Blicke und der zusammengekniffene, harte Mund.

Das Ziel des Drills ist es, den Willen dessen zu brechen, der gedrillt werden soll, denn anderenfalls könnte er zwar auch gehorchen, hätte aber die Befehle nicht im Blut, wenn der Ausbilder nicht mehr da ist. Dieses Ziel zu erreichen, ist von vitaler Bedeutung. Aus diesem Grund muß der Ausbilder Angst machen, muß im Herzen des Rekruten dessen Angst vor dem Feind überbieten. Es muß die Angst vor dem Ausbilder sein, die die Befehle umsetzt. Jene Angst muß die Angst des Schülers lähmen, ebenso jedes andere Gefühl, jeden Willen. Man kann den Willen auf vielerlei Weise schwächen. Man braucht beispielsweise auf einen Fehler nicht gleich zu reagieren, wie der Schüler es erwarten würde, sondern kann durch das Aussenden kleinster Botschaften, die der andere wahrnimmt, die Spannung und die Angst erhöhen. Zunächst kontrolliert man, welche Wirkung die indirekten Signale haben: Auf diese Weise ist der andere, wenn man beschließt, daß die Stunde der Strafe gekommen ist, bereits zermürbt.

Ich spreche über meine Mutter. Meine Mutter, die mir, ich weiß nicht mehr warum, ins Gesicht geschrien hat, ich hätte ein menschliches und ein unmenschliches Gesicht, oder bei anderer Gelegenheit, mein Egoismus sei derart ausgeprägt, daß ich Tote und Lebende vergäße, und »komm daher nie wieder an das Grab deines Vaters und auch an meines nicht, wenn ich nicht mehr bin«. Ich merke, daß ich über die Hälfte dieser Szenen und Worte vergessen habe, daß ich nur Bruchstücke dieser ungeheuerlichen Pfeile aufbewahre, ungeheuerlich für mich, in dem bestimmten Augenblick, ich bin nicht sicher, ob es wirklich die schlimmsten waren.

Ich spreche über meine Mutter, die noch in diesem Sommer vom Tisch aufgesprungen ist, sich in ihrem Zimmer eingeschlossen und mich und einen Gast, einen Freund von mir, allein gelassen hat, um erst am nächsten Morgen wieder zu erscheinen, als es endlich zu einer Auseinandersetzung über die Grillparty zu Ferragosto kam, zu der ich, wie ich sie hatte wissen lassen, nicht mitkommen wollte: Sie hielt meine Teilnahme für einen winzigen und gebotenen Gefallen, eine Kleinigkeit, die nur eine schlechte Tochter ihrer Mutter abschlagen konnte. Sie drohte, daß auch sie dann nicht dorthin gehen würde, sie benutzte die vom oftmaligen Gebrauch längst stumpf gewordene Waffe Egoismus und erklärte schließlich rundheraus, daß ich mit ihr gehen müsse, denn »du gehörst zu mir«. Das war das erste Mal, daß ich fähig war, nicht nur zu erwidern, daß ich ihr mit Sicherheit nicht gehörte, sondern auch eisern blieb im Hinblick auf die Tatsache, daß es mir leid tue, »Mama, aber ich komme nicht mit«.

Nichts ist passiert. Eigentümlicherweise beruhigte sie sich nach ein paar Tagen und war wieder fröhlich und liebevoll.

Meine Mutter ist nämlich kein Ausbilder der amerikanischen Marines, sie ist eine Mutter. Alles, was sie tut oder sagt, kommt einfach so heraus, sie hat es sich nicht erlernen müssen. Sie ist verzweifelt, wütend, außer sich, verletzt, angewidert, unfähig zu begreifen, von der panischen Angst besessen, nicht in der Lage zu sein, mir etwas beizubringen. Darüber hinaus liebt sie es zu erziehen und zu erklären. Sie beschränkt sich nicht darauf, mich Konfusionsgöre zu nennen, »balaganiasz« auf polnisch, sie nennt mich auf jiddisch »Schnorrer«, wegen meiner Kleider, »Dreckspatz« oder »Freßsack« auf deutsch, um auf meinen absolut minimalen Sinn für Hygiene oder meinen unmäßigen Appetit hinzuweisen, oder sie nennt mich mit teutonischer Feierlichkeit »mein Naturkind«. Sie macht mich nicht nur auf die Gefahr aufmerksam, daß »man dich ausnehmen wird wie eine Weihnachtsgans«, sondern läßt diesen Worten Kommentare und Erklärungen folgen.

Sie erklärt immer von neuem, immer auf die gleiche Weise, ganz gleich in welcher Sprache: warum Dosen gleich wieder zugemacht werden müssen, daß eine wie du, mit all deiner

Unordnung, keinen Mann halten kann, daß du, wenn du dich wie üblich mit Brot vollstopfst, nicht einmal das Essen genießen kannst – und dann wirst du so dick wie deine Freundin, die an die hundert Kilo wiegt –, daß du den Rock nicht anziehen darfst, der deinen dicken Hintern hervorhebt, deinen »jiddischer toches«, deinen jüdischen Hintern, daß du deine Haare nicht färben darfst, daß du über bestimmte Dinge nicht reden darfst, daß du bestimmten Leuten nicht vertrauen darfst, daß Mama die einzige auf der Welt ist, die dich ohne Hintergedanken liebt und daher immer an erster Stelle stehen muß. Daß Mama, die je nachdem, je nach Eifer und Methode »deine Mame« oder »deine Mutter« ist, nur dein Bestes will, dich vor allem Übel beschützen will, nicht will, daß du Fehler machst, wenn sie nicht mehr da ist.

Sie sagt, daß sie, als ich klein war, immer mit mir reden konnte, und daß ich ihre Belehrungen verstand. Jetzt verstände ich nicht mehr oder wolle nicht mehr verstehen. Doch ihr Unterricht oder ihre Predigten, immer die gleichen, sind anstrengend, ihren Argumenten ein anderes entgegenzusetzen, führt zu nichts; ich muß abwarten, daß sie aufhört, oder, wenn sie laut wird, sie anschreien: Die Stimme ist es, die zählt, nicht, was gesagt wird. Ich dagegen nehme nicht hin, verstehe aber.

Ich bin nicht einmal sicher, ob diese langatmigen Erklärungen, wie man sich im allgemeinen und im besonderen auf dieser Welt zu verhalten habe, Teil des Drills sind, möglicherweise sind sie nur Erziehung, so zermürbend sie auch sein mögen. Ansonsten habe ich über das Kapitel Drill keine so klaren Vorstellungen mehr. Vielleicht besteht gar kein Unterschied, aber wie soll man wissen, wo die Grenze verläuft. Und dann weiß ich nur zu gut, daß viele andere Kinder weitaus gewalttätigere oder intolerantere oder anspruchsvollere oder krankere Eltern haben und auch diese, wie meine Mutter, immer nur zum Besten ihrer Kinder handeln, um sie vor jedem Unheil zu bewahren, Eltern, die sich nicht einmal im

Traum das Unheil vorstellen können, aus dem meine Mutter lebend herausgekommen ist.

Meine Mutter ist eine Mutter wie viele andere. Die Sonderbare, die allzu Schwache bin möglicherweise ich, die sich im Eifer, in Wut gesagte Worte so zu Herzen nimmt, Worte, die meine Mutter übrigens gleich, nachdem sie sie gesagt hat, wieder vergißt. Sie hätte gern, wie viele andere Mütter auch, eine etwas andere Tochter gehabt. Und außerdem hat meine Mutter mir – mit all ihrer Härte – nicht beigebracht, alle anderen, koste es, was es wolle, zu übertrumpfen. Sie hat mir Benehmen beigebracht: daß man in der U-Bahn alten Menschen den Platz überläßt, und erinnere dich immer, Glückwünsche zu schreiben und Blumen mitzubringen, und sieh zu, daß du vom Tisch aufstehst und behilflich bist, und daß du, wenn du eine Schachtel Pralinen bekommst, auch wenn sie nur für dich ist, sie gleich öffnest und sie jedem anbietest. Benimm dich, benimm dich wie ein Mensch! Wie ein Mensch? Was hat die Tatsache, wie man sich kleidet und schminkt, wie man Diät macht, sich die Zähne putzt und Kleider in den Koffer legt, wie man die Küche aufräumt und sich bei Tisch benimmt, für eine Einladung dankt und ein Geschenk aus einer Hochzeitsliste auswählt, wie man einen Ehemann oder Freunde behandelt und sich im allgemeinen wie ein ein Mensch benimmt, was hat das alles mit der Frage nach den Fehlern zu tun, für die man mit dem Leben bezahlen könnte?

Zwei- bis dreimal im Jahr flogen wir in die Ferien nach Italien. Im Autobus, der uns zum Flugzeug brachte, postierte sich jede von uns an einer Tür, weil wir nicht wußten, an welcher Seite des Flugzeugs der Autobus halten und die Fahrgäste aussteigen lassen würde. Wenn die Türe sich auf meiner Seite öffnete, war ich es, die zur vorderen Treppe laufen und die Plätze in den ersten Reihen der zweiten Klasse besetzen sollte, im anderen Fall tat sie es. Damals wurden Sitzplätze noch nicht beim Check-in vergeben.

Das klappte wunderbar, ich weiß nicht, wie viele Male es einer von uns gelungen war, die vorderste Reihe in Beschlag zu nehmen und dann strahlend darauf zu warten, daß die andere in aller Ruhe ankommen würde. Meine Mutter sagte, sie sei stolz auf mich, wir seien ein hervorragendes Team. Sie sagte, ich sei ein Kumpel, eine, mit der man Pferde stehlen könne, ein Ausdruck, den es genau so auch im Polnischen gibt.

Hatten wir unser Reiseziel erreicht, ging eine zum Gepäckband, die andere schnurstracks zu den Gepäckwagen. Vielleicht standen wir auch in zwei verschiedenen Schlangen bei der Paßkontrolle, um zu sehen, wer schneller durchkam, und diejenige lief dann einen Gepäckwagen holen, aber daran erinnere ich mich nicht genau.

Jahrelang sind wir gerannt, um uns diese Wagen und diese etwas besseren Plätze für einen Flug zu sichern, der knapp eine Stunde dauerte. Jetzt reisen wir von München nach Mailand oder umgekehrt fast ausschließlich im Zug, im Schlafwagen. In jedem Abteil gibt es drei Betten, unten, Mitte und oben. Das beste ist das untere, aber man kann es sich nicht aussuchen, das macht der Computer des Reisebüros. Wenn meine Mutter eines der beiden anderen zugewiesen bekam, wandte sie sich oftmals an die Person, die das untere Bett belegte, und sagte, sie würde während der Nacht aus gesundheitlichen Gründen leider des öfteren rauf- und runterklettern müssen, um zur Toilette zu gehen. Sie fragte die betreffende Person, ob es ihr etwas ausmachen würde, ihr das Bett zu überlassen, und im allgemeinen machte das der betreffenden Person weniger aus als die Vorstellung, beim Schlafen ständig gestört zu werden. Dann hat sie begriffen, daß der Computer zuerst das untere, dann das mittlere und schließlich das obere Bett zuweist, und im Reisebüro, dessen Kundin sie ist, läßt sie sich so lange Reservierungen machen, bis das richtige Bett gefunden ist. Dann werden die anderen storniert.

Sie erzählt amüsiert und zufrieden über diese Bravourstückchen, die sie mit einem ihrer seltenen jiddischen Begriffe »stiklech« nennt, der im Ausdruck »stiklech drejn« wiederkehrt.

Wo immer es unnumerierte Plätze gibt, rennt sie, um den besten zu ergattern. Aber wenn sie verspätet ankommt und sieht, daß die anderen Stühle oder Sessel bereits besetzt haben, erklärt meine Mutter, es sei nicht rechtens, einen freien Platz zu besetzen, und setzt sich dorthin. Aus Gründen wie diesen sind wir kein so hervorragendes Team mehr.

Wie der Held in einem Western, der übt, die Pistole zu ziehen, um der Schnellere zu sein, falls er von hinten angegriffen wird, hat meine Mutter immer Fälle für Betrug, Abtrünnigkeit, Verrat durchgespielt. Der Freund etwa, der ihr von der Reise nach Polen erzählte, hatte er ihr das Programm verspätet zukommen lassen oder es gar nicht erst geschickt? Das alles brachte meine Mutter auf den Verdacht, daß es ihm vielleicht nicht passen würde, sie als Reisegefährtin dabeizuhaben.

Ich war der Meinung, wir sollten fahren und diese einzigartige Gelegenheit der organisierten Reise nutzen, weil ich befürchtete, daß ein Aufschub einem endgültigen Verzicht gleichkäme, zumal über eine Rückkehr nach Polen fünfzig Jahre lang nie geredet worden war, und weil ich dachte, daß es schöner, sinnvoller und auch weniger hart sei, die Reise mit einer Gruppe von Menschen zu teilen, die ähnliche Erfahrungen durchgemacht hatten und größtenteils ebenfalls zum ersten Mal zurückkehrten, als allein, zwei Frauen, dort herumzugeistern.

Meine Mutter hörte mir zustimmend, wenn auch abwesend zu, kam aber wieder auf die Frage zurück, wieso der Mann sich ihr gegenüber so lau verhalten habe. Sie wußte, daß auch alte Freunde von ihm aus Israel mitkommen würden, und dachte, daß er vielleicht aus irgendeinem Grund nicht wollte, daß sie diese Freunde kennenlernte, »weißt du, Leute sind komisch, wenig großzügig und kompliziert, wenn es ihnen paßt, sind sie nett zu dir, wenn sie etwas Besseres haben, dann schon weniger«.

Dann aber zeigte sich dieser Freund während der Reise mir und meiner Mutter gegenüber so freundlich und zugänglich, wie es sein reservierter und irgendwie verschlossener Charakter und seine hinter einer Maske von gleichgültiger Überlegenheit verborgene Schüchternheit erlaubte. Ich dachte mir, daß auch seine vermeintlich abweisende Haltung gegenüber unserer Teilnahme ein Mißverständnis gewesen sein konnte.

Wir hatten dann eine gute Zeit zusammen und bildeten, wie das bei organisierten Reisen immer vorkommt, unsere kleine Gruppe innerhalb der großen, meine Mutter und ich, Józek und seine Freunde, Adam und Marga aus Israel, Hella Buchweiss aus London. Heute frage ich mich, inwieweit die Vorstellung meiner Mutter, der Freund habe uns aus irgendeinem kleinen Vorbehalt die Rückkehr nach Polen nicht eben erleichtert, zu dem Umstand beigetragen habe, daß wir wirklich vor ihrem Haus und dem meines Vaters in Zawiercie, in Warschau und Krakau und Auschwitz-Birkenau standen.

Aber nicht immer hat sich blinder Alarm von ihr mit so eindeutiger Klarheit in Luft aufgelöst und zuallererst bei ihr ein Gefühl der Erleichterung ausgelöst. Ich hatte eine Freundin – zu der Zeit betrachtete ich sie als meine beste –, die nach Italien gekommen war, um eine Woche bei uns am Lago Maggiore zu verbringen. Damals hatte ich einen italienischen Freund, inzwischen ist er mein Mann, der uns abends und an den Wochenenden besuchte. Wir aßen gemeinsam zu Abend auf der Terrasse des Hauses, die auf den See hinausgeht, manchmal brachte Gianni seine Gitarre mit und spielte ein paar italienische Lieder, wir verständigten uns mühevoll, weil meine Freundin deutsch oder englisch sprach und Gianni italienisch. Eines Morgens, nur meine Mutter und ich waren schon auf, rief sie mich vom Garten aus und sagte mir, ich solle aufpassen, meine Freundin habe die Absicht, mir den Freund auszuspannen.

Ich wurde ungeheuer wütend, forderte sie auf, mir das zu beweisen, mir wenigstens einen Anhaltspunkt für ihren Verdacht zu geben, weil ich es unmöglich fand, daß jemand seinem Nächsten bestimmte Absichten unterstellte ohne auch nur die Spur eines Beweises. Meine Mutter antwortete lediglich, ich rate dir nur, vorsichtig zu sein, ich habe gesehen, wie sie ihn anschaut, die ist doch eine Katze, die ist neidisch auf dich, die würde alles tun, um einen Mann zu bekommen. Ich habe nichts von alldem gesehen, weder damals noch später. Zu dieser Zeit war ich allerdings auch sehr naiv, mag ja sein, daß Gianni meiner Freundin gefiel, aber sie ihm nicht, denn er war verliebt, das begriff sogar ich. Und außerdem war sie nicht sein Typ. Meine Mutter aber sah das nicht, und sie maß dem auch keine Bedeutung bei, so wie sie dem Problem der Sprache auch keine Bedeutung beimaß, auch nicht der wenigen Zeit oder dem Umstand, daß meine Freundin damals nicht einmal in München, sondern in Jerusalem wohnte. Auch sie hätte beruhigt sein können. Aber das war ihr nicht möglich. Sie konnte es nicht lassen, mir ihren Verdacht mitzuteilen, und zwar unverzüglich und auf die unverblümteste Weise, denn mußte man einerseits immer bereit sein, auf Täuschungen zu reagieren, war es andererseits noch viel notwendiger, die Tochter vor unsichtbaren Feinden zu schützen.

Hör mal, ich sage Sachen nicht einfach so. – Was meinst du damit? – Sie hatte ein Tagebuch, und ich hab es gelesen. – Was? – Ich hab ihr Benehmen gesehen, da schrillten bei mir die Alarmglocken, und im Tagebuch ... – stand geschrieben, daß Gianni ihr gefiel, und daraufhin bist du noch mehr in Panik geraten und hast es nicht lassen können ... – Nein, da stand, daß sie neidisch auf alles war: auf unser Leben, auf das schöne Haus usw. – Komm, laß es gut sein. – Immerhin hab ich manchmal eine feine Nase. – Laß es gut sein.

Manchmal hat meine Mutter leider eine feine Nase, manchmal liegt sie richtig. Andererseits sind die Fälle zahlreich, in denen sie, ohne Beweise oder überzeugende Argumente, ihre Vermutungen zu stützen, jemanden der absolut unwahrscheinlichsten Dinge beschuldigt hat, wie schwerwiegend oder läppisch die Verdächtigungen auch gewesen sein mochten. Was mich persönlich angeht, bin ich mir ihrer Fehleinschätzungen mehr als sicher: sicher, daß ich niemals Drogen genommen habe, niemals schwanger war und abgetrieben habe, sicher, nicht einmal den leisesten Hinweis auf eine Beziehung zu einem bestimmten Freund oder zu anderen geheimen Liebhabern gehabt zu haben.

Meine Mutter ist sich nicht im klaren darüber, daß Worte, die mit so viel Aufrichtigkeit und einem so großen Wunsch, jemanden zu beschützen, ausgesprochen werden, von vornherein vergiftet sind wie jede bewußte Verleumdung, und noch viel weniger kommt ihr in den Sinn, daß es, um sich gegen ihre Wirkung immun zu machen, keine andere Theraypie und Vorbeugungsmaßnahme gibt als die, sie auf der Stelle für unbegründet zu halten, sich auf die Seite des

Beschuldigten zu schlagen, also gegen sie und gegen die bloße Hypothese, sie könnte irgend etwas Wahres erahnt haben.

Aber da ist immer diese Angst, die sie jedesmal dazu treibt, mit einem bestimmten Nagen im Kopf und im Herzen aufzuwachen und es unmäßig anwachsen zu lassen, bis sie es schließlich mit der Wirklichkeit verwechselt und jeder Bemühung widersteht, sich davon zu überzeugen, daß die Dinge nicht so sind oder daß es zumindest nichts gibt, um es zu beweisen. Ihre Fragen sind oft tückisch, die Unterhaltungen am Telefon gleichen einem Verhör dritten Grades. Für sie kann sich jedes Wort plötzlich in eine mögliche Lüge verwandeln, die gewöhnlichsten Dinge in Indizien für anderes und Menschen in irgend etwas Dunkles, in eine Bedrohung. In diesen Augenblicken muß zwangsläufig alles anders sein, als es aussieht. Sie kann nicht zwei oder mehrere Aspekte miteinander verbinden, sondern muß die Wirklichkeit auflösen, zu etwas Einfachem, Eindeutigem, auf das sie reagieren kann, auch wenn dieses Eindeutige nur schrecklich ist. Sie glaubt, daß sie die Maske herunterreißen könne, daß sich hinter einem falschen Namen ein richtiger verberge, und vergißt, daß ein falscher Name zu ihrem richtigen geworden ist.

Sie heisst nicht mehr Lis, das ist Polnisch und bedeutet Fuchs, weil in Deutschland der Nachname einer verheirateten Frau der des Ehemanns ist, und der lautet Janeczek. Sie hat einen echten slawischen Familiennamen gegen einen falschen eingetauscht, der in dem Paß stand, mit dem mein Vater durch Krieg und durch Länder zog, die sich im Krieg befanden. Im letzten Jahr war er Pole, vielleicht sogar deutschstämmiger Pole, im großen Wien der Nazizeit, ich weiß nicht, wie er dorthin gelangt ist, so wie er zu einem gewissen Zeitpunkt, ich weiß nicht wo, polnischer Partisan bei den polnischen Partisanen war. Das bedeutet, daß er sehr geschickt gewesen sein muß, denn hätten die polnischen Partisanen entdeckt, daß er Jude war, hätten sie ihn nicht genommen, und das ist die harmloseste aller Vermutungen.

Es geht nicht nur um Papiere und Familiennamen, man muß auch ein bestimmtes Gesicht haben, einen bestimmten Tonfall, bestimmte natürliche Bewegungen. Den Paß jedenfalls hat mein Vater nie wieder zurückgegeben oder weggeworfen. Ohne den richtigen Namen kommt man nirgendwo hin, wie mir ein Freund bestätigte, den ich in der vergangenen Woche zufällig auf dem Corso Vittorio Emanuele getroffen habe. Er ist Ingenieur, Computerprogramme für Anlagenbau. Er wohnt in Gallarate, hat sein Büro aber in Mailand. An jenem Nachmittag sollte er sich mit einem möglichen Kunden in Chile in Verbindung setzen, einer riesigen Firma. Er war besorgt darüber, was ein derartiger Auftrag mit sich bringen könnte: Reisen, Rechnungen, Mühen. Er kommentierte: »Da drüben werden sie zwar alle Faschisten sein, aber meinen Namen hab ich ihm gesagt. Sind sie einverstanden, dann um so besser.« Er heißt Levi, Guido Levi. Er hat mir gesagt, er habe im Briefkasten in Gallarate einen Zettel gefunden, auf dem stand »Dreckjuden«. Er ist katholisch, schon sein Großvater oder Urgroßvater war es geworden, und durch Geburt ist es der gesamte weibliche Teil der Familie, von der Urgroßmutter bis zur Ehefrau. Guido Levi ist weder für das Rabbinatsgericht noch für die Rassengesetze ein Fall. Ihm bleibt nur dieser Familienname, der ihm die jüdische Rolle aufzwingt, obwohl er kein Jude mehr ist. Aber erklär das mal einem. Ich hab's bei meiner Mutter versucht, und sie fragt mich immer wieder: »Hört ihr denn nichts mehr von euren Freunden Levi?«

Früher hatte mein Vater den Nachnamen gehabt, den heute noch seine beiden Neffen tragen, und er hieß auch nicht Stefan mit Vornamen, sondern Elimelech, »Gott ist König«: auf jiddisch »Mejlech«, »Miśku« auf polnisch. Dann ist ihm nur noch »Miśku« geblieben, Bärchen. Früher vollendete er seine Lebensjahre am zwanzigsten Juni, dann am zweiten September, den wir immer gefeiert haben. Das habe ich entdeckt, als meine Mutter nicht die vollständigen Daten auf dem Grabstein einmeißeln lassen wollte, sondern nur das Geburts- und das Todesjahr. Sie hat mich auch gebeten, einen Satz daraufschreiben zu lassen, der an seine in Auschwitz gestorbenen Eltern und Geschwister erinnert. »Umgebracht« hatte ich verbessert. So steht auf dem Grabstein aus dunklem Granit heute:

Dr. Stefan Janeczek
1918-1984

und darunter

Zum Andenken an die Familie (XXX)
umgebracht im KZ Auschwitz.

Bis man einige Jahre zuvor anfing, Bemerkungen über die Geschichte mit dem Nachnamen zu machen, hatte ich nie einen Verdacht, nie etwas abgeleitet aus der Gegenüberstellung mit den unterschiedlichen Nachnamen der Neffen der väterlichen Linie, die ich Onkel nannte. Ich war nicht vertraut mit Familiendingen, die wenigen Male, die ich meine Cousins-Onkel traf, interessierte mich der Nachname nicht. Außerdem nannte ich auch die engsten italienischen Freunde meiner Eltern Tante und Onkel.

Ich weiß nicht, ob sie mit mir über den falschen Familiennamen nur deshalb gesprochen haben, weil sie dachten, daß ich früher oder später selbst dahinterkommen würde, oder aus welchem Grund sonst. Vielleicht gab es keinen besonderen, nur daß ich inzwischen groß geworden war, und die Maschen des Nichtgesagten sich lockern konnten.

Schreib nicht den Nachnamen deines Vaters. – Und warum nicht? – Weil er das absolut nicht gewollt hätte. – Kommt dir das nicht ein bißchen übertrieben vor? – Du darfst über mich alles schreiben, was du willst, aber den Namen sollst du nicht schreiben. – Soll ich ihn auch da ausstreichen, wo ich die Inschrift auf dem Grabstein zitiere. – Tu das.

Ich hatte den richtigen Familiennamen meines Vaters schon gehört, aber daß er nicht einmal Stefan hieß und, vor allem, daß wir sein Leben lang seinen Geburtstag an einem Tag feierten, an dem er gar nicht geboren war, daß ich ihm sein Leben lang das Horoskop der Jungfrau vorgelesen habe, während er im Zeichen der Zwillinge geboren war, das alles habe ich nicht gewußt, ich hätte es auch auf keine Weise herleiten können. Es am Tag nach seiner Beerdigung zu entdecken, war der erste Beweis für seinen Tod, ein Beweis auch dafür, daß sein Tod eine inzwischen sinnlose Wahrheit preisgab. Denn jetzt ist es zu spät. Jetzt bin ich nicht mehr in der Lage, sein Geburtsdatum auswendig zu lernen, und ich weiß nicht, welchen Namen ich einem Sohn geben soll.

Andererseits heißt auch meine Mutter nicht wirklich Nina und Franziska. Niemand hat sie vor dem Krieg so nennen können. Franziska oder genauer Franciszka wird in den unendlichen Abwandlungsmöglichkeiten des Polnischen für Diminutive und Kosenamen zu »Niusia«, »Niuska«, »Niusienka«, so wie Helena zu »Hela«, »Helenka«, »Helusia« wird, sich aber nie zu Nina oder Ninetta abwandeln würde. Trotzdem heißt sie im Paß Nina Franziska Janeczek, wobei der ins Italienische übersetzte Kosename zum ersten Vornamen avancierte, während der eigentliche Vorname eingedeutscht wurde. Jetzt gibt es unter den jüdisch-polnischen Freunden solche, die sie nicht nur »Niuska« oder »Niusia« nennen, sondern gelegentlich auch »Ninka« oder »Ninočka«.

In unserer Familie haben Namen ein wandelbares Wesen. Deshalb ist es für mich auch nicht wichtig, daß mein Name zu Elena geworden ist, mit einem H davor für den, der ihn schreibt, und stumm beim Sprechen. Ich heiße Elena in Italien, Helena in Deutschland, auf englisch spreche ich mich mit einem kehligen L und einem Hauchlaut am Anfang aus, auf französisch mit der Betonung auf der letzten Silbe. Es interessiert mich nicht einmal, ob der Name Elena jemandem immer noch nicht ausreichend fremdländisch vorkommt, weshalb er mich Elèna oder Helene oder Jelena oder auf andere zu Hause nie gehörte Art nennt. Dagegen macht es einen merkwürdigen Eindruck auf mich, wenn mein Freund Olek mich mit »Helenka« anredet, was im Polnischen die gängigste Art ist, mich zu rufen, was aber nie jemand gemacht hat. Ich habe mich nie genannt, wie ich eigentlich heiße, das ist nicht weiter schlimm, man lebt auch so ganz gut.

Meine Mutter und ich nennen uns auf tausenderlei Art, ganz nach dem Augenblick, nach Laune, nach Zuneigung. Wir streiten auf deutsch, denn wenn sie schreien will, tut sie das in der Sprache, die ihr nunmehr schon seit Jahren am natürlichsten kommt, auch wenn ihr ebenso natürlich der eine oder andere Fehler dazwischengerät. Wenn sie herumbrüllt, ist es klar, daß sie jede Kontrolle über die Grammatik verliert, aber das ist es ja auch nicht, was bei einem Streit zählt. Vielleicht rechnet sie instinktiv mit der nicht weiter diskutierbaren Härte von Befehlen und Rüffeln auf deutsch, sogar dann, wenn sie mit einem slawischen Akzent ausgesprochen werden, bei dem doppelte und einfache Konsonanten mühsam auseinandergehalten werden, und die Ös und Üs bekommt sie einfach nicht in den Griff.

Es gibt eine kleine Geschichte, in der ein Italiener in Paris einen Ostjuden fragt »Excusez-moi, où est la *ru* Rivoli«, und der antwortet ihm »Monsieur, on ne dit pas *ru*, on dit *ri*!«

»Frühstück« wird in der Aussprache meiner Mutter zu »Frishtik«, »frühstücken« zu »frishtign«. Als ich die eben erzählte Geschichte hörte, erinnerte ich mich, daß die Lehrerin mir als Kind in der ersten Grundschulklasse erklären mußte, daß man »für« schreibt und nicht »fir«, und ich hatte die Lektion gelernt, außer daß ich meine Zeichnungen weiterhin »fir meine Mama« widmete, mit diesem I als Hommage für sie.

Wir streiten uns auf deutsch, wenn wir in Italien sind, und am Telefon, ich in Mailand, sie in München, weshalb ich leichter ins Italienische verfalle, das mir jetzt spontaner kommt, vor allem im Eifer des Gefechts, und so schleife ich sie ein paar Sätze lang auf mein Territorium, sie aber kehrt sehr schnell wieder zur Ausgangssprache zurück, dann halte ich nur mühselig Schritt, was in diesem Fall einer kleinen Ungleichheit der Waffen entspricht. Wir streiten uns auch in Deutschland auf deutsch, doch die wenigen Male, die ich nach München fahre, streiten wir uns viel weniger. Der Grund dafür ist nicht wichtig.

Im Streiten nennt sie mich immer nur Helena, wobei sie den ersten Vokal so stark betont und dunkel färbt, daß er überhaupt nichts Polnisches mehr hat; das gleiche gilt für den Hauchlaut, trocken, nicht mehr zischend; und für das L, das sich verdoppelt, als Gegengewicht zum Akzent. Manchmal, wenn sie mich nicht ansieht, spricht sie von mir wie von einer dritten Person, sie sagt »meine Tochter«, meine Tochter will nicht hören, meine Tochter verliert alles, meine Tochter kümmert sich nicht um ihre Mutter. Ich dagegen nenne sie fast immer »Mama«, nicht auf italienisch, sondern auf deutsch, wo das Wort Mama schärfer ausgesprochen und etwas dunkler klingt, oder auch »Ma«, aber ich weiß wirklich nicht, wo ich das aufgeschnappt habe, jedenfalls weder in Italien, glaube ich, noch in amerikanischen Filmen; dann aber auch »Mammi«, was aber nur dann vorkommt, wenn gestritten wird oder die Gefahr eines Streites besteht. Ansonsten verliert es ein M, und der Vokal dehnt sich und ist sanfter, so daß »Mami« fast so klingt wie »Mame«, Mama auf jiddisch. Auch das ist ein Name für Friedenszeiten oder wenigstens für Ruhe und Normalität.

Je lieber ich sie habe, um so zahlreicher werden ihre Namen und die Sprachen ihrer Namen. So wird sie Mama und Mammina, Mame und Mamele, und an den Grenzen zwischen Jiddisch und Polnisch Maminka und Mameshi, Mameshi kroin, »Mama Krone«, es ist das erste Mal, daß ich die Bedeutung dieser Worte übersetze, und auch Matka, Matusia, Matuska, Mamusia, Mamuniu.

Wenn Frieden herrscht, sage ich weder Mama noch Mammi mit zwei M; das andere Wort für Mama, »Mutti«, habe ich nie verwandt, so wie auch klar ist, daß ich sie nicht »Mutter« nenne, nicht einmal im Streit, denn fast niemand, in keiner Sprache, redet heutzutage die eigene Mutter mit »Mutter« an. Wenn sie aber außer sich ist vor Rage oder eine Anweisung erteilen muß, dann spricht sie bisweilen von sich als »deine Mutter«, in der gleichen Weise, wie ich für sie zu »meine Tochter« werde.

Wenn mir die italienischen Begriffe einfallen oder besser noch die jiddischen oder polnischen, bedeutet das, daß wir wirklich einen guten Augenblick erleben. Aber ich habe auch einigermaßen liebevolle Spitznamen für sie, »Maus« gebrauche ich oft, seltener dagegen »Spatz«, manchmal alle beide in der bayerischen Diminutivform »Mausl« und »Spatzl«. Daraus wird mit noch ein bißchen mehr Zuneigung »moisele«, und am Ende sage ich sogar noch »roisele«, Röschen, oder »ketzele«, Kätzchen auf jiddisch, »kotek« auf polnisch. Wenn sie liebevoll ist, dann gebraucht sie die gleichen Namen. Auch sie nennt mich »mamele«, weil wir das von meinem Vater übernommen haben, der uns beide mit diesem Diminutiv anredete, im Jiddischen ist das möglich. Wir sagen zueinander »kotek« und »kotuniu« oder »ptaszek«, »ptaszeczku«, Vögelchen, und sie nennt mich »moja złota rybka«, mein Goldfischchen, und holt wieder den Namen »Lala«, »Lalka« hervor, was Puppe heißt und Püppchen, und das war, als ich klein war, mein Name, ähnlich wie »Bärchen«, »Misku« für meinen Vater. Seit er gestorben ist, entfährt ihr manchmal das berühmte vor- und nachkriegszeitliche »Misku«, und wenn sie es fertigbringt, nicht in Tränen auszubrechen, korrigiert sie den Versprecher, und dann kommt fast immer »Lala« heraus.

Ich habe die Befürchtung, daß ich einen Teil dieser Namen vergessen habe, und das liegt nicht nur daran, daß ich sie nicht oft höre. Ich erinnere mich vielleicht nur an die häufigeren oder die, deren Bedeutung sie mir irgendwann erklärt hat, denn Polnisch ist eine Sprache, die ich nicht spreche.

Manchmal sprachen meine Mutter und mein Vater untereinander polnisch, und ich hörte überaus aufmerksam zu und strengte mich an, wenigstens das eine oder andere Wort zu erkennen, um herauszufinden, ob ich vorkam oder nicht. Jiddisch sprach man bei uns zu Hause nicht, und ich habe es erst recht und schlecht erlernt, als ich erwachsen war, indem ich es bei Gesprächen unter Ostjuden, Freunden und Bekannten, auffing, fast so, als wäre es ein deutscher Dialekt.

Durch eine seltsame Fügung bin ich vor einigen Jahren auf Olek Mincer gestoßen, der in Polen aufwuchs, bei Eltern, die zu Hause Jiddisch auf die gleiche Weise benutzten wie meine Eltern Polnisch. Er war Schauspieler am Jiddischen Theater in Warschau, über Jahre mußte er Texte in dieser so vertrauten und unbekannten Sprache auswendig lernen, und als wir uns trafen, hatte er wieder eine Rolle in jiddisch, in jiddisch und in deutsch, und ich mußte sie mit ihm repetieren, übersetzen, erklären, sie ihm einprägen. Mit dem Jiddischen hatte er eine sozusagen praktische Vertrautheit, und ein bißchen verstand er auch, doch mit dem Deutschen gab es eine gewaltige Schwierigkeit. Wir fluchten nach stundenlangen Repetitionen und Verbesserungen in meinem oder seinem Hotelzimmer in Berlin, mitten in der Nacht, wir verwünschten unsere Eltern, die uns von der Kenntnis ihrer Sprachen ausgeschlossen hatten, welche uns jetzt so hilfreich gewesen wären. Das alles natürlich auf italienisch, denn wäre Olek nicht vor vielen Jahren schon nach Rom gegangen, um dort zu leben, hätten wir uns nichts, gar nichts sagen können.

Aber ich kannte die polnischen Volkslieder, und die haben wir dann gemeinsam gesungen. Olek half mir bei den Worten, denn für mich ist es ebenso schwierig wie für ihn, mich an einen Text zu erinnern, wenn ich die Sprache nicht kann. Ich kenne das berühmte »Umałt Maciek, umałt«, ich kenne das Trinklied »Pije Kuba do Jakuba«, und das Lied mit dem Doppelsinn, das so geht »kaczki za wodą, gęsi za wodą...«, auch das fast idiotische »tramwaj na tramwaju«, die Straßenbahn, die auf einer anderen Straßenbahn steht, und viele andere mehr. Als ich *Schindlers Liste* sah, merkte ich, daß ich das kleine Walzerliedchen »Ostatnia niedziela« kenne, »Am letzten Sonntag«, das die Geiger für die deutschen Gäste in dem Luxusrestaurant spielen.

Ich glaube nicht, daß ich alle diese Lieder rein zufällig kenne, ich glaube, ich habe sie in mich aufgesogen, ich habe versucht, sie mir so gut wie möglich anzueignen, wenn ich sie hörte. In meiner Erinnerung an deutsche Lieder, beispielsweise an Weihnachtslieder, die ich nicht nur im Kindergarten gelernt, sondern auch unter dem Weihnachtsbaum gesungen habe, wie es sich gehörte, sind die Lücken wesentlich größer.

Ich erinnere mich noch sehr genau an das Kinderlied mit den beiden Kätzchen »Ah, Ah, Ah, kotki dwa, szare, bure, obydwa, nic ne bendą robiły, tylko Helenke bawiły«, ich habe es gelernt, ohne auch nur ein Wort zu verstehen, und noch heute verstehe ich eigentlich nur »kotki« und »Helenke«, aber ich erinnere mich daran genauso wie an »giro giro tondo« und noch besser als an »Hoppe, hoppe Reiter«, das entsprechende deutsche Lied.

Ich habe den Eindruck, daß meine Mutter mich seit der Zeit dieses Kinderlieds noch Helenka nennt, allerdings nur vor den Freundinnen, mit denen sie polnisch spricht. Einmal habe ich sie bei ihrer Freundin Irka gesucht, ich meldete mich am Telefon als Helena und stieß auf ratlose Stille, die erst nach einer kurzen Weile mit einem »Ah, Helenka« aufbrach. Zu mir sagt sie nie Helenka, auch wenn es normal ist, daß wir das eine oder andere auf polnisch sagen, etwa guten Tag, wie geht's, was gibt's, gute Nacht, schlaf gut, so wie wir uns zur Eile antreiben und »choć« sagen, komm, »idzieme«, gehen wir, »masz«, halt mal, oder »daj«, gib mal. Ich kann kein Polnisch, doch wenn es einfach ist, kann ich es verstehen, und wenn es noch einfacher, auf einzelne Wörter oder feststehende Sätze beschränkt ist, spreche ich es auch, ich spreche es fast täglich. Ich bin überzeugt, ich habe eine Muttersprache, die ich nicht kenne, aber mach das mal einem begreiflich.

Wenn wir nach Italien kamen, sprachen wir meistens italienisch, eine Sprache, die meine Mutter seit Beginn ihrer Geschäftstätigkeit an Ort und Stelle gelernt hatte, etwa wenn sie arbeitete und mit Freunden zusammen war. Sie sprach es schlechter als mein Vater, was übrigens auch für das Deutsche und andere Sprachen gilt. Sie erklärt gerne mit der Koketterie einer großen Kosmopolitin, daß sie viele Sprachen spreche und allesamt schlecht. Fließend spricht sie drei, Polnisch, Deutsch und Italienisch; zwei, Englisch und Französisch, erfindet sie sich mehr oder weniger, und sie fühlt sich nicht gehemmt, sie zu sprechen, und von ihrer Muttersprache gehen ihr einzelne Brocken verloren, aber das macht ihr nichts aus.

Wenn in Italien italienische Freunde zu uns kamen, die kein Deutsch konnten, sprachen wir aus Anstand auch unter uns italienisch. Und im allgemeinen sprachen wir italienisch, um uns verständlich zu machen. Wir sprachen deutsch, wenn wir uns nicht verständlich machen wollten, etwa in Gegenwart einer Verkäuferin in einem Geschäft, wenn wir Dinge sagten wie »So ein Kleid hab ich woanders gesehen, und es war schöner und billiger«. Aber wir sprachen kein Deutsch, wenn wir verbergen wollten, daß wir deutsche Touristen waren, weil die Italiener diese übers Ohr hauen, schlechter behandeln, nicht sonderlich mögen und so weiter.

Als ich eine hinreichend getarnte Aussprache hatte, gab meine Mutter mir zu verstehen, daß ich reden sollte, während sie stumm blieb. Es ist möglich, daß ich gelernt habe, ohne Akzent zu sprechen, weil zu Hause diese Privatsprache zirkulierte, die ich heimlich nachahmte, indem ich unbekannte Wörter vor mich hinsagte. Es scheint nämlich, daß ich die vier Sätze, die ich auf polnisch benutze, wie eine Polin ausspreche. Sicher ist das auch eine Begabung, die ich von meinem Vater mitbekommen habe und die dann aus Notwendigkeit verfeinert wurde. Er war in der Lage, auch auf italienisch die typischen Sprechweisen von Personen nachzuahmen, und wir lachten uns dabei halbtot. Das kann ich nicht. Dafür lerne ich sehr leicht jeden dialektalen Tonfall und jede dialektale Redewendung, genauer gesagt, ich nehme sie an, ohne mir darüber klarzuwerden. Damit löse ich bei richtigen Italienern Befremden aus, das sich dann auch auf mich überträgt. Und doch erinnere ich mich, daß vor langer Zeit ein kleiner Junge, den ich gerade erst kennengelernt hatte, zu mir sagte: »Man hört, daß du Ausländerin bist«, und als ich ihn fragte, woran, antwortete er, daß es die Rs seien, ich hätte ein weiches R, und ich, die nichts von der Existenz von Italienern mit weichem R wußte, übte von da an das rollende R und rollte es so, wie ich es gesprochen hörte.

Wir sprachen also fast nie Deutsch in Gegenwart von Italienern, aber vor allem sprachen wir kein Deutsch, wenn Deutsche in unserer Nähe waren, etwa in Hotels oder am Strand. Wir sprachen auch deshalb nicht Deutsch, weil wir nicht als Deutsche erscheinen wollten. Aber dann sprachen wir es trotzdem, weil es die Sprache war, die uns spontan kam. Meine Mutter ist noch heute nicht fähig, Elena zu sagen, wenn sie mich anredet: Es kommt ihr das H dazwischen, wie in der deutschen Aussprache. Dann hilft es auch nicht mehr, daß sie stumm bleibt oder ein paar Sätze auf italienisch sagt. Und dann – vielleicht hat es damit zu tun, daß sie älter wird – entschlüpft ihr jetzt, wenn sie nervös oder müde wird oder sich aufregt, mitten im Italienischen ein »ja, ja«, wie einem verrückten Wissenschaftler in einem Film, was ihren halb deutschen, halb polnischen Akzent noch eigentümlicher macht. Wehe aber, wenn man es ihr sagt, wehe, wenn man sie auf die teutonische Note hinweist, die sich durch ihr Italienisch schlängelt, wehe, wenn man ihr sagt »Mama, was soll man machen, das ›Jaja‹ rutscht dir einfach heraus, du bist auch schon ein bißchen *jeckisch* geworden, was soll's.«

Schon als ich klein war, färbte das Deutsch meiner Mutter ein bißchen auf ihre italienische Aussprache ab, aber die Deutschen unter dem Sonnenschirm bemerkten nicht, daß unser Italienisch kein italienisches Italienisch war, und auch die Italiener (mit denen wir manchmal Deutsch sprachen, weil bestimmten Italienern in bestimmten Situationen die Deutschen Achtung und Furcht einflößen) wußten nicht, was für ein Deutsch unser Deutsch war oder was für einen Akzent unser Italienisch hatte.

Wann welche Sprache angewandt werden mußte, war nicht leicht zu erlernen: Das mußte man sofort wissen, instinktiv. Wenn es wirklich keinen anderen Weg gab, mir ihre Instruktionen mitzuteilen, griff meine Mutter zu einem auf polnisch geflüsterten Befehl, der nicht länger als zwei, drei Wörter war.

Noch schwieriger war zu verstehen, wann man etwas sagen durfte und wann man still sein mußte, und wenn man etwas sagen durfte, was? Wenn meine Mutter den Preis für etwas herunterhandeln wollte, das sie fast wie aus Selbstlosigkeit in Erwägung zu ziehen schien, obwohl ich begriff, wie sehr sie es mochte, mußte ich still sein und, wenn sie schließlich fragte »Was meinst du?«, eine Ratlosigkeit zum Ausdruck bringen, die noch größer war als ihre. Wenn ich sehr tüchtig war, gelang es mir, es früher zu merken, und ich konnte gleich dazwischenreden und sagen »Mama, das scheint mir nichts Besonderes zu sein, komm, laß es doch«. Das alles war in Wirklichkeit ziemlich leicht. Ich lernte es in kurzer Zeit. Schwieriger war es schon zu begreifen, warum ich, wenn sie irgend etwas sagte, was mir gelogen oder halbwahr vorkam, sogar aufgefordert wurde, sie mit irgendeinem schmeichelnden Kommentar zu bestätigen. Wir müssen uns gegenseitig helfen, sagte sie, ich rede gut über dich, du redest gut über mich, wir sind eine »towarzystwo w wzajmnej adoracji«, wie man auf polnisch sagt, eine »Gesellschaft mit gegenseitiger Bewunderung«. Irgendwann bin ich aus dieser Gesellschaft ausgestiegen; instinktiv und weil ich es so wollte, habe ich ihr in Anwesenheit derer widersprochen, vor denen sie eine gute Figur abgeben wollte. Damit habe ich ihr furchtbaren Kummer bereitet. Heute bin ich still.

Jedenfalls ist es nie so weit gekommen, daß ich andere Dinge preisgab, wichtigere Dinge, die es zu schützen galt, gefährlichere Dinge, auch wenn mir das niemand gesagt hatte, denn die waren zu heikel, um als Kostprobe eines aufrührerischen Geistes zu taugen.

Zum Beispiel, daß wir eigentlich keine Deutschen waren, wie wir unseren Bekannten sagten. Aber auch keine richtigen Polen, Polen, die sehr viel Unglück erlebt haben, denn das polnische Volk hat sehr gelitten, wie wir einigen Freunden sagten. Ich habe nie verstanden, warum wir stumm blieben oder jaja sagten, wenn jemand unter unseren Bekannten oder Freunden verkündete, daß die Gewerkschaften verboten oder die Kommunisten ins Gefängnis geworfen oder die Rotbrigadisten an die Wand gestellt werden müßten oder alles zusammen. Auch ich blieb stumm. Und ich habe den Mund kein einziges Mal aufgemacht, wenn ich zufällig den berühmten Satz hörte, die süditalienischen Dreckfresser hätten keine Lust zu arbeiten. Auch dann nicht, wenn dieser Satz noch gesteigert wurde, wie »die süditalienischen Dreckfresser haben keine Lust zu arbeiten, aber wir wüßten schon, wie wir ihnen das beibringen könnten«. Nur zwei- oder dreimal, da war ich schon fast erwachsen, habe ich so etwas wie einen lauwarmen Protest gebrummt.

Ich habe mich immer für mein Schweigen geschämt. Diese Scham nährte dann eine Wut und einen derartigen Haß gegenüber denen, die diese Sätze sagten, daß ich es noch weniger wagte, den Mund aufzumachen. Ich schämte mich auch für meine Eltern. Hätte ich irgend etwas gesagt, hätte ich sie bloßgestellt, ihnen die Maske heruntergerissen, so jedenfalls kam es mir vor, und das wäre unerträglich gewesen, zuallererst für mich selbst.

Ich weiß, daß mein Vater einmal einen Gast rausgeschmissen hat, der Hymnen auf den Faschismus sang, und mein Vater schrie ihm alles mögliche hinterher. Diese Szene ist für alle einstigen Partisanenkameraden und ihre roten Kinder legendär geblieben, und wenn sie sie erzählen, bin ich glücklich, stolz und, wie immer, wenn es um meinen Vater geht, zufrieden, daß ich damit die Legende weiter nähre. Doch ich habe ihn in meiner Gegenwart niemals so antworten hören oder in der Weise, wie ich es gern gesehen hätte.

Wahrscheinlich kam der Anstoß zum Schweigen von meiner Mutter, deren Gründe die Regeln des Feingefühls und des Benehmens waren und die Tatsache, daß dies doch alles anständige Leute seien, mit denen man Verbindung halten müsse, und daß »bestimmte Leute bestimmte Ideen haben, schließlich sind sie nicht alle aus Prinzip gegen die Reichen wie du«. Bei Gelegenheiten wie diesen pflegte sie mir einen Begriff ins Gesicht zu schleudern, der seit dem Krieg aus der Mode ist: »Salonkommunist«.

Vielleicht stimmt es ja, daß ich immer die Gründe, die ich zu einer bestimmten Zeit auch ideologisch nannte, mit der Verteidigung der Vergangenheit und der eigenen Toten verwechselt habe. Wahrscheinlich weiß sie viel besser als ich, daß die Ideologie, die Grundsätze, die ausgeübten Glaubensrichtungen weitaus weniger, als man annimmt, zum Guten oder Bösen beitragen, das jemand in Extremsituationen vollbringt. Oder vielleicht will sie in Gesellschaft dieser anständigen Leute nur das Mädchen mit dem Bad in der Wohnung, den nordischen Romanen, Tennis und Klavier wiederfinden, das sie einmal war.

Sicher, meine Mutter stellt inmitten der Industriellen und Freiberufler der reichen und fleißigen lombardischen Provinz die *grande dame* dar: Die kann ein paar Sprachen, sie ist gereist, sie lebt in einer wunderbaren europäischen Großstadt, sie kommt aus dem blühenden Deutschland, dem Land, wo immer alles funktioniert und alle arbeiten, sie besitzt Kultur, Charme, ein gewisses *savoir-faire,* sie macht witzige Bemerkungen, sie hat Sinn für Humor und den Anflug fröhlicher Bedenkenlosigkeit, die sich nur der leistet, der sie sich leisten kann.

Ich weiß nicht, wieviel das alles dazu beiträgt, daß sie immer den Mund gehalten hat. Sehr viel andere Leute, die sie besuchen könnte, hatte sie nicht und hat sie auch jetzt nicht, auch nicht in Italien.

Im übrigen war es leicht, über die Hommage derjenigen hinwegzusehen, die erklärten, daß »die Deutschen trotz allem ein großes Volk sind«, oder über den großherzigen Seufzer »freilich, auch die reihenweise Bombardierung Ihrer Städte...« oder sogar über Fragen wie »Ihnen haben die Kommunisten alles weggenommen?«: kleine Mißverständnisse, die trotz allem ein freundliches, mitfühlendes Interesse erkennen ließen. Niemand hat jemals dem Duce seine Treue zugebrüllt oder verkündet, daß Hitler richtig gehandelt habe. In dem Fall hätten sie nicht den Mut gehabt zu schweigen.

Niemand hat mir je gesagt, man müsse die Tatsache, daß man Jude ist, verbergen, und niemand hätte jemals zugegeben, daß es so ist, denn niemand hatte es so festgelegt. Die Theorie meiner Mutter ist noch heute: »Nur wenn man dich fragt, ob du Jüdin bist, sagst du ja, warum solltest du sonst sagen, daß du eine bist.«

Niemand hat mir je beigebracht, wann ich die Deutsche, wann die Polin, wann die Italienerin sein soll. Ich habe es von selbst gelernt, sehr gründlich, besser noch als meine Eltern. Schon mit zwölf Jahren, als ich mit einer Gruppe in den Bergen war, fragte mich einer: Bist du aus Mailand? Nein, ich bin Deutsche. Was, du bist wirklich Deutsche? Ja. Heil Hitler. Und es fielen mir die Worte nicht ein, mit denen ich das Mißverständnis hätte aufklären können.

Sie wurde im Gebäude der örtlichen Gestapo eingesperrt. Am folgenden Tag, vielleicht auch zwei oder drei Tage später, ich weiß es nicht genau, kam man und brachte sie zusammen mit einem oder mehreren anderen Gefangenen in den Hof. Dort stellte man sie in eine Reihe und erschoß den Mann neben ihr. Dann ist einer aufgetaucht, ein Pole oder Deutscher, und hat einem anderen, vielleicht dem, der den Mann erschossen hatte, etwas zugeflüstert. Vielleicht ist er ja der Mann, der nach dem Krieg ein ruhiger Bürger geworden ist. Ich weiß aber, daß entweder er oder jemand anderes meine Mutter gefragt hat, ob sie Franziska Lis sei, und daß sie genickt hat. Darauf hat er ihr gesagt, du mußt noch warten, mit dir beschäftigen wir uns ein andermal, hat die Pistole oder das Gewehr weggesteckt und sie wieder einsperren lassen. Dann sind sie wiedergekommen, haben sie abgeholt, sie aber nur den Hof durchqueren lassen. Man hat sie ins Gefängnis der Gestapo in Sosnowiec gebracht. Nach ein paar Tagen ist jemand gekommen und hat sie gefragt: »Kannst du waschen, bügeln, nähen, kochen?«, und sie hat auf der Stelle geantwortet: »Darin bin ich besonders tüchtig.«

Auch das hat sie mir während der Polenreise erzählt, als wir schon in ihrer Heimat waren, vielleicht befanden wir uns gerade in Sosnowiec. Bei dieser Gelegenheit hat sie ihre einzige offen ausgesprochene Belehrung deutlich unterstrichen. Wenn man dich fragte, sagte sie, ob du eine bestimmte Sache könntest, mußtest du Ja antworten, überzeugt, ohne auch nur im geringsten zu zögern. Das einzige, was dich retten konnte, war, etwas zu können.

In diesem Gefängnis blieb sie einige Monate und wusch, spülte und bügelte für die Gestapo oder für die SS. Die anderen kamen und verschwanden. Unter ihnen war auch eine Frau, die ihre Mutter gekannt hatte und sie wiedererkannte. Sie hat ihr gesagt, daß ihr Vater in Sosnowiec gesehen worden sei, im »Dugala«, Durchgangslager. Wohin war klar. In der Nacht, in der sie wegen ihrer Ähnlichkeit mit Frau Helena Liebermann wiedererkannt worden war, schlug sie mit dem Kopf gegen die Wand, scheuerte ihre Hände an den Gittern und den Mauersteinen auf. Ich konnte sie sehen, meine Mutter, wie sie jung war, ein kleines dunkles Tier, zäh und verzweifelt.

Eines Tages kam ein anderer, und wieder wurde sie gefragt, ob sie Franziska Lis sei, und wieder hat sie genickt. Und dieser andere hat wieder dem Mann von der Gestapo oder der SS etwas zugeflüstert, nur daß meine Mutter es diesmal gehört hat. Er hat gesagt: »Also das ist die Verwechslung.« Am selben Tag wurde sie nach Auschwitz geschickt.

Wahrscheinlich hat die Verwechslung mit einer anderen, die ein paar Monate vor ihr in Auschwitz angekommen sein mußte, dazu beigetragen, sie zu retten. Rechne die Zeit, die du da bist, die Zeit, die notwendig ist, bevor Arbeit und Hunger dich bis zum Skelett abzehren, das ohne Vorzeichen oder nach einer Selektion in den Gaskammern stirbt. Rechne die Jahreszeit, die Kälte, die Hitze, Eis und Schnee oder Schlamm, durch die du mit lumpenumwickelten Füßen stapfst. Rechne die Arbeit, zu der du abkommandiert bist. Rechne vor allem die Gesundheit, die Körperbeschaffenheit, das Alter.

Du zahlst für jeden Fehler, auch den kleinsten, immer. Du zahlst für die Fehler der anderen. Oder du zahlst nicht für die Fehler der anderen. Wegen der Fehler anderer kannst du sterben oder dich retten.

Du rettest dich, weil ein anderer einen Fehler macht. Du rettest dich, weil ein anderer keinen Fehler macht. Du rettest dich, weil ein anderer stirbt. Dieser andere hat einen Fehler gemacht oder auch nicht. Du rettest dich, weil ein anderer nicht gestorben ist. Du rettest einen anderen, weil du nicht gestorben bist und keinen Fehler gemacht hast.

Du stirbst, weil ein anderer stirbt. Du stirbst, weil ein anderer nicht stirbt. Du stirbst, weil ein anderer einen Fehler gemacht hat. Du stirbst, weil ein anderer einen Fehler gemacht hat und es so aussieht, als wärst du es gewesen. Du stirbst, weil ein anderer nicht für seinen Fehler bezahlt.

Du rettest dich, weil niemand merkt, daß du einen Fehler gemacht hast. Du rettest dich, weil ein Fehler von dir keine Bedeutung hat. Jedenfalls rettest du dich nur, wenn du keinen Fehler begehst. Doch was ein Fehler ist, das weißt du nicht. Nur daran darfst du niemals denken.

Wenn du daran denkst, bekommst du es so mit der Angst zu tun, daß du blockiert bist, die Fähigkeit verlierst zu reagieren, dein Lebenswille zernagt wird. Du kannst deiner Ohnmacht nicht ins Gesicht blicken. Nie darfst du denken, du schaffst es nicht, nie, du bist nicht in der Lage, im Flug eine Sache zu erlernen, die du nicht kannst, nicht in der Lage für eine weitere Anstrengung. Du mußt immer ja sagen, sagen »Ja, darin bin ich besonders tüchtig«, auch zu dir selbst.

Das wird auch in Büchern erzählt, aber ich habe es von meiner Mutter gelernt. Mit siebzig Jahren kommt sie morgens früh in Mailand an, nachdem sie die Nacht im Schlafwagen verbracht und nicht geschlafen oder schlecht geschlafen hat, sie wäscht sich, sie frühstückt, sie geht eine Viertelstunde zu Fuß, um zur Schuhmesse zu gelangen, geht bis nach sechs von Stand zu Stand, dann läuft sie, wenn sie kein Taxi findet, zu Fuß nach Hause. Sie legt sich geschafft ins Bett. Sie hat ein belegtes Brötchen gegessen und ein Glas Wasser getrunken, sie hat den ganzen Tag nicht länger als zwanzig Minuten still gestanden.

Wie immer in solchen Fällen, schimpfe ich sie aus, sage ihr, daß es unvernünftig sei, sich zu verausgaben, wenn sie die

Arbeit auch am folgenden Tag zu Ende bringen könne, daß man in ihrem Alter mit den Kräften haushalten müsse. Sie antwortet mit einem ihrer berühmtesten Sätze: »Ich wollte mir beweisen, daß ich es noch immer schaffen kann.« Sie muß es sich immer wieder beweisen. Ständig hat sie etwas, das sie sich selbst beweisen muß, etwas, das sie lernen muß, etwas, das sie ändern muß.

Sie sagt, daß man nie aufhören darf, an sich zu arbeiten. Sie spricht von »sich weiter fordern«, »sich selbst beweisen«, »sich selbst loben«, so, wie sie erklärt, daß sie gelernt habe, »bewußt zu essen«. Sie schleudert mir alle diese tief verinnerlichten Ausdrücke ins Gesicht, so daß ich ihr einmal erwidert habe, »teutonischere Begriffe als die findet man nur schwer«, und sie verstand wirklich nicht, was ich damit meinte.

Darum ärgert sie sich so über mich. Sie kann einfach nicht hinnehmen, daß ich mich nicht ändere, daß ich mich ihren Anweisungen nicht füge, und noch viel weniger, wenn gar ich selbst die Nützlichkeit dessen einräume, was sie mir eintrichtern will. Ich weiß, daß es besser ist, Dosen und Schränke gleich zu verschließen, ich weiß, daß man sich dann nicht der Gefahr aussetzt, Öl umzukippen oder sich den Kopf an einer Kante anzuschlagen, was mir gelegentlich passiert. Auch ich würde mich gerne im richtigen Augenblick an die Dinge erinnern, die getan werden müssen, damit ich ihnen anschließend nicht hinterherjage und Angst vor Verspätung habe.

Ich habe tausendmal versucht, ihr das zu erklären, »schau, Mama, das tu ich nicht absichtlich, ich bin eben so, ich bin zerstreut, ich hab Mühe, meine Sachen in Ordnung zu halten, ich sage ja nicht, daß ich deshalb nicht versuche, irgendeine Änderung herbeizuführen, aber ich muß mich dreimal soviel wie andere anstrengen, um wenigstens das kleinste Resultat zu erzielen«. Nichts zu machen, auch nicht mit dem Beispiel der Sprachen, die ich besser spreche als sie und akzentfrei, und es kostet mich keine Anstrengung. »Siehst du, Mama, das hat auch etwas mit Veranlagung zu tun, du bist dafür weniger begabt, verstehst du das nicht?« Sie schüttelt den Kopf, behauptet, das sei nur deshalb, weil sie sich nie Mühe gegeben habe, weil es sie nicht genügend interessiere, gut zu sprechen, weil man das, was man wirklich will, auch erreicht.

Wenn ich vergesse, zur Post zu gehen, dann weil ich mich nicht daran erinnern will. Ich will lieber zu Hause bleiben und meine Bücher lesen oder mit Freunden weggehen. Das bringt sie zur Verzweiflung und zur Raserei. Dieser unbezwingbare, dumme Egoismus von mir, der sich nicht mit doppeltem Eifer um all das bemühen will, was mir nicht entspricht, verwirrt sie nicht nur, sondern beleidigt sie sogar, weil ich mich, trotz all ihrer Anstrengungen, so wenig ändere. Sie hat nichts gegen meine Bücher einzuwenden, sie ist auch stolz auf ihre gebildete Tochter, aber nur, weil er lesen und schreiben kann, hat sich freilich noch keiner gerettet.

Sie schildert sich als naives Mädchen, fröhlich und sentimental, das im Leben gerne weiter Klavier gespielt hätte, mit ihrem Liebsten übers Land gestreift wäre, um dann wirklich die feine Dame zu werden, Kinder aufzuziehen, große Essen auf handgestickten Tischdecken zu servieren, nachmittags mit Freundinnen zu plaudern. Sie sagt, sie habe Gedichte geschrieben und gemalt, sei eine Geschäftsfrau geworden, auch wenn sie eigentlich kein Talent für Geschäfte habe, sie sagt, daß das Leben sie habe werden lassen, wie sie jetzt ist, und ich glaube ihr das, auch wenn es schwer ist, sich vorzustellen, daß sie auf ihre Arbeit verzichten oder eine Minute still verharren und mit dieser unaufhörlichen Betriebsamkeit von Kopf und Körper aufhören könnte.

Vielleicht lernt und verlernt man ja wirklich fast alles, aber es ist nicht ausgeschlossen, daß man dazu wirkliche Gewehre, zumindest den Hunger braucht. Eine Mutter allein, wie bedrohlich sie auch sein mag, kann das nicht leisten.

Meine Mutter ist ein Apostel des Willens und auch der Macht, schlimmer als Nietzsche. Auf ihre Weise ist sie krank an Übermenschentum. Ich weiß nicht, inwieweit es die deutschen Übermenschen waren, die ihr die Lektion auf den Leib geschrieben haben.

Ich weiss nicht, ob Nietzsche jemals so viel Angst hatte. Eine Angst, von der man nicht einmal mehr weiß, daß man sie hat, eine Angst, die einen zum Schweigen drängt, zur Zurückhaltung, zu einzeln abgemessenen Worten, zur Lüge als Reflex und als extremer Spiegelung. Es ist die Angst, die dich dazu bringt, dich anzupassen, auszuweichen, nicht aufzufallen, keinen Streit zu suchen, dir eine Maske aufzusetzen, immer neue Rollen zu lernen. Es ist die Angst, die dich dazu bringt, dich mit diesen Rollen zu verwechseln.

Meine Mutter sagt, sie sei immer ein Angsthase gewesen, das habe sie von ihrer Mutter geerbt. Jetzt, da sie alt ist, hat sie Angst, abends bei Nebel, bei nassen Straßen Auto zu fahren. Wenn sie in einer menschenleeren Straße ist, die sie nicht kennt, bekommt sie Angst. In den Bergen steigt sie mit kleinen, abgemessenen Schritten nach unten, weil sie Angst hat, sie könnte ausrutschen und hinfallen. Wenn mein Vater mit seinem Auto auch nur eine halbe Stunde zu spät war, sah meine Mutter die Autositze bereits blutverschmiert, das Blech verbeult. Wenn sie nicht in der Lage ist, innerhalb von eineinhalb Tagen mit mir zu sprechen, werden ihre Nachrichten immer erschreckter, meine Tochter, wo bist du, ruf mich zurück, was ist dir passiert.

Sie ist kein Hypochonder, aber sie hat Angst, sie könnte schwer krank werden, sie, die sich kaum je eine Erkältung einfängt, und wenn sie eine hat, bekommt sie dazu auch noch Fieber, trotzdem bleibt sie nicht zu Hause, um sich zu kurieren. Und nur, wenn sie wirklich nicht mehr anders kann, schluckt sie ein Aspirin und macht weiter. Sie hat diese Angst, die bei Frauen ihres Alters häufig anzutreffen ist, sie leidet darunter sogar weniger als andere, und sie versucht auch nicht, sie auszutreiben wie mein Vater, der auf keinen Fall einen Arzt wollte. Wenn sie Beschwerden hat, die nicht vorübergehen und sie mithin mit Sorge erfüllen, geht sie zum Arzt, läßt Untersuchungen machen, wartet auf die Ergebnisse und befolgt die Vorschriften. Das scheint alles normal und vernünftig.

Indessen aber bildet sie sich Tumore ein, über die sie mit niemandem spricht, auch nicht mit mir, und diese wachsen so lange heimlich weiter, bis ein Ergebnis vorliegt, das sie für nicht vorhanden erklärt. Erst dann ruft sie mich an, sie sagt mir, weißt du, ich bin beim Arzt gewesen, ich hatte dieses und jenes Problem, ich hab das Schlimmste befürchtet, ich wollte dir nur nichts sagen, ich wollte nicht, daß du dir Sorgen machst, aber es ist zum Glück nichts, nichts Schwerwiegendes, diesmal ist es noch gutgegangen.

Manchmal fügt sie hinzu, sie sei so in Sorge gewesen, daß sie nicht oder nur schlecht habe schlafen können, und versteift sich auf Sätze wie, daß sie es vorziehe, nicht über Dinge zu reden, die niemanden etwas angehen, und bekräftigt erneut, daß sie mir nicht zur Last fallen wollte, und das mit einem Hauch von Heroismus in der leicht zitternden Stimme, die meiner Erleichterung eine Spur von Irritation hinzufügt. Jedesmal biete ich ihr an, sich mir anzuvertrauen, die Angst, sofern sie möchte, mit mir zu teilen. Das zu tun, scheint mir richtig, und dann verstehe ich nicht, wieso sie bei jeder Frage ihrer Existenz fordert, ich müsse dabei sein, nur bei den Fragen nicht, die wichtig sind.

Dabei wird auch eine Dosis Beschwörungsmagie mitspielen: Als ich dieses Wort aussprach, fragte sie: »Der böse Blick?« Während ich erklärte, daß der böse Blick nichts damit zu tun habe, begriff ich, daß sie auch ihn ein wenig fürchtet, sie fürchtet ihn von seiten anderer, nicht von mir, sowohl das Wort als auch die Angst, die sie seit kurzem kennt, oder wenigstens redet sie erst seit kurzem darüber, sie gebraucht das Wort auf jiddisch, »nechore«. Sie spricht es halb ernst aus, ernster als sie möchte. Und dabei ist sie wirklich völlig immun gegenüber der Faszination jeglichen irrationalen Wissens, sie läßt sich auf keinerlei öffentlichen oder privaten Aberglauben ein, sie kennt keine religiösen Gefühle, ganz zu schweigen von Glaubensformen, sie begreift nicht, wie sich auch gebildete Menschen von dieser Scharlatankunst für Friseusen, nämlich der Astrologie, gefangennehmen lassen.

Und trotzdem hat sie die »nechore« entdeckt, vor allem fürchtet sie, daß man sie mir anheftet, sie fürchtet auch eine ihrer Freundinnen mit vielen finanziellen und gesundheitlichen Schwierigkeiten, außerdem Mutter einer Tochter, die mehrere Herzinfarkte erlitten hat und seit Jahren ohne Ehemann oder feste Beziehung ist. Für meine Mutter ist die »nechore« der Neid, das Böse, das man anderen wünscht, weil es ihnen zu gut geht. Ich glaube, sie interpretiert diesen Aberglauben auf klassische Weise. Also spricht sie nicht mit ihren Freunden, denn sie befürchtet, daß deren vermeintlicher Neid auf ihre gute Gesundheit ihre vermeintliche Krankheit in Gang hält.

Mit mir spricht sie dagegen nicht, weil sie ihre Krankheit besiegen muß, sie alleine besiegen muß, noch einmal beweisen muß, daß sie sie besiegen kann und nicht auf mich angewiesen ist. Ich befürchte, daß meine Mutter nur in Augenblicken wirklicher Schwäche meine Anteilnahme oder meine Hilfe nicht zulassen kann. Sie kann die Tatsache nicht ertragen, es allein nicht zu schaffen, und noch viel weniger, mich zu brauchen, ein echtes Bedürfnis, über das nicht verhandelt wird. Sie hat Angst vor dem Kranksein, vor dem Alter, weil man seine Macht verliert, weil man sich den anderen ausliefert, weil verlieren und sich auch nur ein bißchen ausliefern vielleicht für sie bedeutet, daß man im Stich gelassen, daß man verraten wird.

Es ist durchaus möglich, daß ich das alles erfinde, denn ich habe ihre Schreie im Warschauer Hotel im Ohr, aber ich bin mir beinahe sicher, daß eine bestimmte Angst alleine zu besiegen, für meine Mutter bedeutet, noch einmal alle

Ängste zu besiegen. Und tatsächlich fürchtet sie Unheil, Neid, Verrat, eben auch Ängste und alles, was im Leben den Körper oder die Seele schwächen oder verletzen kann, mehr als den Tod.

Sie bringt es fertig, ruhig über die Dinge zu sprechen, die vor ihrem Tod in Ordnung gebracht werden müssen, und auch über die Tatsache, daß sie früher oder später an der Reihe sein wird. Sie hat nur Angst, mir ihre Lektion nicht rechtzeitig eintrichtern zu können, Angst, ich könnte alleine bleiben, ohne Verwandte, ohne jemanden, der mich beschützt, und daß mich die Menschenwölfe in Stücke reißen, weil ich immer im Wolkenkuckucksheim lebe, in Watte gepackt geboren bin, ohne Erfahrung, ganz sicher ohne die Erfahrung, die sie gemacht hat. Und darum hat sie noch mehr Angst, daß ich ihr entgleiten oder entfliehen könnte.

Wegen dieser Angst brüllt sie, will sie an meiner Stelle entscheiden, legt sie sich sinnlose Verdächtigungen zurecht, ist sie gezwungen, die andere Art von Angst zu besiegen, die normale Angst einer Frau unter Kontrolle zu halten, die normale Sorge einer Mutter, die auch ich geerbt habe, die Sorge, wegen der sie sagt »zieh dir den Mantel an, sonst bekommst du die Grippe«, wie jede beliebige Mama.

Sie lebt allein in einer Wohnung im Erdgeschoß, mit einem Park auf der anderen Seite und einem großen Vorgarten, zu dem man von der Straße her leichten Zugang hat und von dort aus zur Wohnung. Die Diebe sind am hellichten Tag gekommen, sie haben Handtaschen und herumliegendes Geld mitgehen lassen. Sie hat einen Schreck bekommen, dann aber gesagt, das geht vorüber, ich bleibe.

Trotzdem hat sie immer viele Probleme, von denen sie befürchtet, daß sie sie nicht lösen kann, zuviel Arbeit, zu viele Verpflichtungen, zuviel, was sie im Kopf behalten muß, sie ist immer aufgedreht, immer im Begriff, in ihren berühmtesten Ausspruch auszubrechen, gleich in welcher Sprache: »Ich schaffe das nicht mehr.«

Diesen Satz wiederholt sie wie eine Exorzismusformel bei jeder kleinsten Gelegenheit, wenn sie nicht rechtzeitig nach Deutschland zurückgekommen ist, um persönlich die Rückanrufe auf ein Inserat entgegenzunehmen, wenn sie es versäumt hat, ein paar Handtaschen oder T-Shirts neu zu ordnen oder zum Friseur zu gehen oder eine Freundin zu besuchen. Es hilft nicht, wenn man ihr sagt, das sei doch nicht schlimm. Sie weiß es ganz genau, gibt es aber nicht zu, kann es nicht zugeben.

Sie regt sich auf, weil sie glaubt, sie könnte Züge und Flugzeuge verpassen, oder wenn sie Dokumente unterschreiben muß, von denen sie glaubt, sie würde sie nicht bis ins letzte Detail verstehen, sie regt sich wegen des einen oder anderen unehrlichen Angestellten auf, den sie nicht ausfindig machen kann, wegen des unverständlichen Verhaltens der einen oder anderen Freundin, sie regt sich wegen meiner Vergeßlichkeit und meiner Verspätungen auf, wie damals, als ich nicht in der Lage war, meine Doktorarbeit abzuschließen, und sie mich drängte, zu Ende zu kommen, ob ich wollte oder nicht – Jahre des Brüllens und des Streitens. Es war sinnlos zu versuchen, sie zu beruhigen, indem ich immer wieder sagte, daß ich die Arbeit früher oder später abschließen würde, sinnlos, ihr zu sagen, daß ein Universitätsabschluß in Sprachwissenschaften nicht so lebenswichtig sei, ein Stück Papier, das für sich genommen wenig nütze, und daß ich die Gelegenheit ergriffen hätte zu arbeiten. Sie lachte über meine Tätigkeit und das magere Entgelt, bezeichnete es als Hobby und Zeitvertreib. Sie wollte nur diese Arbeit, sie wollte, daß ich sie endlich abschließen sollte, und als ich am Ende dem Referenten fast dreihundert Seiten übergab, rief sie »Wir haben es geschafft, endlich haben wir es geschafft«, und dann hat sie angefangen zu weinen und gesagt, daß sie schon gar nicht mehr daran geglaubt habe. »Ich glaubte schon, ich würde diesen Tag nie mehr erleben.«

Meine Mutter verscheucht ihre Angst durch eine ständige allumfassende Unruhe, und wenn diese Unruhe allzu stark wird, wirft sie sie beiseite und geht zum Angriff auf alles über, was sie angreifen kann. Doch es gab eine Zeit, da war sie nicht so erfahren, nicht so im Gleichgewicht, wie sie es heute ist, ein Gleichgewicht, das Mietek, den Neffen meines Vaters, den ich Onkel nenne, veranlaßt zu sagen, »wenn deine Mutter nicht mehr all ihre Probleme hätte, würde das zu einem ganz schönen Problem, dann müßten wir uns ernsthaft Sorgen machen«.

Bevor ich geboren wurde – ich kann nicht sagen, wie viele Jahre zuvor –, war sie ins Krankenhaus eingeliefert worden, weil sie wie Espenlaub zitterte und mit den Zähnen klapperte, das Herz raste, es gab keinen Weg, es unter Kontrolle zu bringen. Sie wurde ungefähr zwei Wochen zur Beobachtung dort behalten, indem man sie, vermute ich, mit Beruhigungsmitteln vollstopfte, dann hat man sie nach Hause geschickt und ihr geraten, einen Psychologen aufzusuchen: Ich weiß nicht, wie lange sie zu diesem Psychologen gegangen ist, noch was sie gemeinsam herausgefunden haben, aber meine Mutter sagt, es habe ihr geholfen.

Sie ist im Frühjahr oder Sommer 1944 zusammen mit den Juden aus Ungarn in Auschwitz-Birkenau eingetroffen. Acht Züge bei Nacht, fünf Züge am Tag, bestehend aus vierzig bis fünfzig Waggons, in jedem an die hundert Menschen. Die Gaskammern arbeiten alle, vier Krematorien und auf der Seite zwei Gräben, um die überschüssigen Leichen zu verbrennen. Aus vier- bis achthundert Personen bestehen die »Sonderkommandos«, es sind Häftlinge, die mit der Vernichtung beauftragt sind und ihrerseits fast alle in regelmäßigem Turnus vernichtet werden.

Ihr wurde sofort die Essensration gestohlen, aber sie hat eine Freundin wiedergefunden, die ihr erklärte, wie sie sich verhalten müsse, ihr Anweisungen gab. Sie sah Mietek im Männerlager. Sie fing an zu rauchen, weil sie den Gestank und den Rauch der Krematorien nicht aushalten konnte.

Das hat sie mir vor kurzem gesagt, weil ich ihr auf eine weitere Philippika gegen meine Zigaretten geantwortet hatte, daß auch sie Raucherin gewesen sei, und eine starke dazu. Sie hat mich angesehen, als sei ich blöd. Es war das einzige Mal, daß sie Auschwitz als Argument benutzte.

Sie arbeitete im »Kanadakommando«, den Räumen mit den Sachen, die den Häftlingen und Ermordeten weggenommen worden waren. Im Lagerjargon wurde das Kommando so genannt, weil Kanada als Schlaraffenland mit jeder Art von Reichtum angesehen wurde. Sie hatte Glück, daß es ihr gelungen war, »Kanada« zugewiesen zu werden, wo man das eine oder andere Kleidungsstück mitgehen lassen und unter der Uniform verstecken konnte. Sie hat das getan. Ihre Freundin, die erfahrener war, zwang sie, sich zweimal am Tag zu waschen, mit eiskaltem Wasser oder mit Schnee. Sie betete nicht zu Gott, sondern zu ihrer Mutter, von der sie wußte, daß sie tot war. Sie betete jeden Abend.

Sie spricht nicht vom Hunger, nur kürzlich hat sie, als ob sie auf etwas längst Bekanntes hinweisen wollte, gesagt, »weißt du, der Hunger und die Angst, in den Gaskammern umgebracht zu werden«, um schließlich zu sagen, daß die Probleme eines Freundes von mir, von denen ich ihr erzählte, ihr ziemlich albern vorkämen. Sie sagte, es gelinge ihr nicht, Verständnis für diese Probleme aufzubringen, doch das habe ich ihr nur zur Hälfte geglaubt, weil sie sich über weitaus weniger wichtige Dinge ungeheuer aufregt. Das habe ich ihr gesagt, ich habe ihr gesagt, daß es etwas Gutes sei, ein Zeichen dafür, daß sie lebendig sei, und scheinbar hat sie das akzeptiert. Dennoch habe auch ich nur teilweise recht.

In dieser Zeit waren Auschwitz-Birkenau und alle angrenzenden Lager wegen der ungarischen Juden überfüllt, etwa eine Million Deportierter in fünf oder sechs Monaten, der größte Teil wurde gleich vernichtet. Unter denen, die unregistriert im »Depot-Lager« festgehalten wurden, befanden sich die Zwillinge, die von Josef Mengele für seine Versuche gebraucht wurden.

Wahrscheinlich im November desselben Jahres wurde meine Mutter für einen Transport in ein anderes Lager, Weißwasser in der Tschechoslowakei, selektioniert. Während der Reise im Viehwaggon sind viele gefangene Frauen gestorben. »Glaub bloß nicht, daß es nur Auschwitz gab«, hat meine Mutter gesagt. In Weißwasser starb man an Hunger, an Entbehrungen und Krankheiten oder wurde auf verschiedene Weisen umgebracht, sei es aus einer Laune heraus, sei es zur Strafe.

Auch ihre Freundin Nadia war dort, die heute in Israel lebt. Wahrscheinlich ist meine Mutter in Weißwasser an Gelbsucht erkrankt, nicht in Auschwitz. Um gesund zu werden, hat sie Karottenabfälle »organisiert«, indem sie in den Abfallhaufen herumwühlte.

Nadia, die damals die stärkere und aufgewecktere von beiden gewesen sein muß, wirkt heute viel älter, zerbrechlicher und wehleidiger als meine Mutter. Ihr Mann ist gestorben, sie hat keine Kinder, die wenigen Male, die sie mit meiner Mutter telefoniert, beklagt sie sich in bitterem Ton. Sie geht ihr ein bißchen auf die Nerven.

Sie wurden von den Russen befreit, die die ganze Nacht Kasatschok getanzt haben. Meine Mutter und Nadia haben nicht wie viele andere Frauen geplündert, doch in einem verlassenen Haus, das einer deutschen Familie gehört hatte, die geflohen war, konnten sie einem Marmeladenvorrat nicht widerstehen. Sie luden die Gläser auf eine Schubkarre und schleppten sie ein ganzes Stück weit, was bei ihren bis auf die Knochen abgemagerten Körpern eine ungeheure Kraftanstrengung gewesen sein mußte. Vielleicht schafften sie es nicht einmal, davon zu probieren. Auch heute muß meine Mutter immer einen Vorrat an Marmelade haben, und sie selbst ist eine vorzügliche Marmeladenköchin.

Bei uns zu Hause wurde fast nie darüber gesprochen. Mein Vater erzählte nichts. Das, was ich dagegen über meine Mutter weiß, habe ich zum großen Teil in Polen und in der Zeit nach unserer Reise erfahren. Andere Eltern, habe ich in *Children of the Holocaust* gelesen, sind wiederum nicht in der Lage zu schweigen, sie wiederholen ihren Kindern ständig dieselben Szenen, mehr oder weniger so, wie einige Väter vom Krieg erzählen. Vielleicht sprechen sie vor allem unter sich, und die Kinder werden erst dann unmittelbar eingeweiht, wenn sie größer werden. Dann sagen sie, sie hätten für die Kinder überlebt, und von den Kindern verlangen sie ein entsprechendes Verhalten: Leider weiß man nie genau, was das ist.

Ich bin nicht in der Lage zu sagen, ob es sich um eine kleine Geschichte handelt oder um eine Tatsache, aber ich erinnere mich an eine Mutter, die zu ihrem Sohn sagte: »Und ich hab Auschwitz überlebt, damit du mit dieser langen Mähne herumlaufen kannst!«

Ich bin meinen Eltern dankbar, daß sie mich mit ihren Erinnerungen verschont haben, ich glaube, sie haben es richtig gemacht. Ich glaube, sie haben geschwiegen, um zu vergessen oder wenigstens die Erinnerungen nicht wieder zu wecken, und auch, um mich nicht zu quälen und mich wie ein normales Mädchen aufwachsen zu lassen. Ich denke, mir genügt es, zu wissen, was ich weiß. Auf diesen Seiten habe ich das erzählt, nicht mehr, nicht weniger. Von mir aus habe ich nie nach etwas gefragt.

Erst jetzt wagt sich meine Mutter mit ein paar Andeutungen hervor und ich mich mit einer scheuen Frage. So ist es, weil ich inzwischen erwachsen bin, weil sie weiß, daß es mich interessiert, daß ich ein paar Bücher gelesen habe, daß sie mir ein paar Dinge sagen kann, ohne sie zu vertiefen und zu erklären. Ich habe kein großes Wissen, andere haben dreimal soviel gelesen, und doch ist meine Mutter jedesmal über Bemerkungen verwundert, die man überall finden kann. Sie ist zufrieden, wenn sie sieht, daß ich vorbereitet bin.

Bisweilen tauschen wir Meinungen über ein Buch oder einen Film aus, die dieses Thema behandeln. Sie hält es nicht für ihre Pflicht, sich für jede Neuerscheinung zu interessieren, die Verfolgung und Lager zum Thema hat, doch wenn sie sich entschließt, es zu tun, wirkt sie unerschütterlich und urteilt von der Höhe ihrer Kompetenz und ihres Geschmacks aus. So hat ihr Primo Levi sehr gefallen, weniger dagegen *Weiterleben* von Ruth Klüger, das ihr in einem allzu aggressiven Ton geschrieben zu sein schien. Sie hat *Schindlers Liste* gemocht, allerdings das Ende als etwas amerikanisch empfunden, das ich hingegen verteidigt habe. Ästhetische Diskussionen, wie man sieht. Eines Tages sind wir in München in den Film *Hitlerjunge Salomon* gegangen, er handelt von einem jüdischen Jungen, der als Deutscher und Nazi überlebt hat. Uns kam dieser Film so ungeheuer schlecht vor, daß wir nicht still sein konnten, wir wechselten ein paar abfällige Bemerkungen und haben sogar ein paarmal gekichert. Die Zuschauer neben uns waren einigermaßen konsterniert. Sie werden uns für unsensible Konsumentinnen oder gar für Nazisympathisantinnen gehalten haben. Das haben wir beim Hinausgehen zueinander gesagt und noch einmal gelacht.

Ich weiß, daß es unter denen, die das Lager überlebt haben, Menschen gibt, die im Kino heulen, solche, die sich nicht das geringste anmerken lassen und unterstreichen, daß die Wirklichkeit die Phantasie übertrifft, solche, die von Zeugenberichten besessen sind und sich alles anschauen, solche, die dagegen erklären, sie hätten ein für allemal genug, solche, die sagen, daß sie sich nicht damit konfrontieren wollen, weil sie die Konfrontation nicht ertragen können. Es sind nicht wenige, die kein Programm, kein Buch, keinen Dokumentar- oder Spielfilm auslassen, etwas, womit meine Mutter nicht einverstanden ist. Sie ist der Ansicht, daß das alles mit Sicherheit nicht für sie gedacht ist. Doch einmal hat sie gesagt, sie sei bereit, in Schulen zu sprechen, sie glaubt auch sehr an den Nutzen der Erziehung, auch daß man nicht genügend tue, damit die Jugendlichen begreifen und gefeit aufwachsen.

Mir dagegen erzählt sie weiterhin vor allem von ihrem Leben davor, von ihrer Mutter, die nie dahintergekommen ist, wieso ihre Seidenstrümpfe voller Laufmaschen waren, von ihrem Vater, der den Schabbesfisch aus dem Haushalt verbannt hatte, nachdem er an einer Gräte fast erstickt wäre, von Tanten, von Onkeln und Großeltern. Sie erinnert sich an den schrecklichen Tag, an dem ihr Vater nach Hause kam und mitteilte, daß er in der Fabrik entlassen worden sei. Dann haben sie ihn wieder eingestellt, ich weiß nicht warum.

Eine ihrer Tanten, Leosia, hatte eine Schneiderei in Katowice, wohin die Gattinnen der deutschen Industriellen und andere reiche Damen kamen, um sich ihre Garderobe schneidern zu lassen, doch wenn die Tante zu Hause war, widmete sie sich ihren künstlerischen Neigungen, etwa damit, einen Paravent mit rosafarbenen Flamingos zu bemalen. Ich stelle mir diese nicht allzu reiche, aber doch überaus elegante Tante vor, elegant wie meine Mutter, die sich während des Kriegs, das heißt im Ghetto, ein Kleid mit der Stricknadelgröße Nummer zwei gestrickt hat.

Ihre Großmutter dagegen wohnte in der Nähe des Gymnasiums, so daß meine Mutter sie während der Pausen besuchen ging. Sie gab ihr ein Gläschen Wodka mit einem Patébrötchen, sagte zu ihr, komm, trink, und das Sprichwort »Jedynaczka, pijaczka«, »die einzige Tochter ist eine Säuferin«, das meine Mutter mir weitervererbt hat, zusammen mit dem Wodka und den anderen Getränken, mit denen man anstoßen kann.

Meine Großmutter hatte viele Schwestern, eine war Witwe, eine war sogar geschieden. Ich erinnere mich nicht mehr, was für einer Arbeit sie nachging, um für ihren Lebensunterhalt zu sorgen, vielleicht machte sie Holzpuppen, aber ich bin mir nicht sicher. Dagegen habe ich immer eine wunderschöne Vorstellung von dem Paravent mit den Flamingos von Tante Leosia gehabt.

Nur sie weiß, wieviel Angst sie durchlitten, wieviel Mut sie sich abverlangt hat. Es ist wichtig, den eigenen Mut zu kennen, auch wenn es einem nicht gelingt, eine gewisse Furcht zu bekämpfen, man verjagt sie lediglich an eine abgelegenere Stelle, wo sie zwar langsam und unverstellt agiert, aber einen nicht lähmt. Man besiegt nicht eine Angst wie die, die mich jede Nacht überkam, als ich vier oder fünf Jahre alt war und Mörder hinter den Vorhängen oder im Kleiderschrank sah, ein Schlangennest unter dem Bett, im Schlaf ein unendliches Rennen, Ungeheuer oder Menschen dicht hinter mir, im Wasser Haifische. Jede Nacht, wenn ich hinter den Vorhängen, im Kleiderschrank, unter dem Bett nachgesehen hatte, wachte ich von Angst geschüttelt auf und flüchtete mich ins Bett meiner Mutter. So ist es monatelang gegangen, vielleicht ein ganzes Jahr, ohne Atempause. Meine Mutter hat sogar ein ein Meter vierzig breites Bett gekauft, um bequemer mit mir darin liegen zu können.

Es heißt, bestimmte Träume träten bei Kindern häufig auf, das sei normal oder normal pathologisch.

Ich besaß keinerlei Hinweis darauf, daß jemand mich umbringen wollte, niemand hatte mich erschreckt, meine Eltern kamen zweimal am Tag nach Hause zurück, zum Mittag- und zum Abendessen, abends gingen sie praktisch nie fort, sie spielten mit mir, sie erzählten mir Märchen und andere Geschichten, sie wiegten mich in ihren Armen, und es gab auch eine Kinderfrau, die ich gern hatte, ich lebte in einer bequemen und normalen Wohnung, im sechsten Stock, mitten im Zentrum einer ruhigen Stadt, ich hatte ein Zimmer, das auf eine Münchner Ringstraße hinausging, der Verkehr brauste, und Lampen waren auch in tiefer Nacht an, unwahrscheinlich, daß der Mörder bis da oben hinaufklettert und durchs Fenster kommt.

Und trotzdem lebte ich in Schrecken, Angst machten mir vor allem die Märchen der Brüder Grimm, insbesondere »Rotkäppchen« und »Hänsel und Gretel«. Diese Geschichte mit der Hexe, die Hänsel in einen Ofen stecken wollte, konnte ich einfach nicht hören, ich hielt mir die Ohren zu, bis dieses Märchen endgültig nicht mehr erzählt wurde. Dann hatte ich Angst vor den harmlosesten Fernsehkrimis, »Derrick« und ähnliche: Mich erschreckte die Vorstellung des Mords und des Mörders, auch wenn das Verbrechen oder die Leiche fast nie gezeigt wurden; und wenn ich irrtümlicherweise einmal den Grafen Dracula auch nur zwei Minuten sah, konnte ich nächtelang nicht mehr schlafen.

Einmal habe ich sogar versucht, nicht mehr zu essen. Ich war wegen eines reißerischen Spiegel-Titels, »Gift auf dem Tisch!«, in Panik geraten, und nichts hatten bei mir die Erklärungen ausgerichtet, ich könne ganz beruhigt sein, wir würden nicht vergiftet, es handele sich lediglich um eine Untersuchung über die schädlichen Lebensmittel, deretwegen aber noch keiner gestorben sei.

Ich habe keine Angst vor Insekten, vor Ratten oder was sonst auch immer mehr widerlich als gefährlich ist. Ich werde nicht ohnmächtig beim Anblick von Blut, ich kann sogar Spinnen von einer bestimmten Größe in die Hand nehmen, um sie hinauszuwerfen, weil mein Vater mir beigebracht hat, daß Spinnen den Tempel in Jerusalem retteten und man sie daher niemals töten dürfe.

Heute kann ich mir Gewaltfilme ansehen, normale Thriller, alte Vampire und Monster. Ich vermeide die wirklichen Horrorfilme, ich werde die Effekte in *Splatters* nicht nachprüfen, und ich werde nicht einmal nach einer Kassette mit *Der weiße Hai* suchen. Das Bild von »Hannibal the Cannibal« hat mich viele Nächte nicht mehr losgelassen, aber ich habe gehört, daß dieser Film fast allen Angst macht. Ich reagiere nicht auf Gewalt als solche, sondern auf jede Geschichte, in der jemand oder etwas – Mensch, Tier, Ungeheuer – seine Beute verfolgt und sie aus einem dunklen, dumpfen Trieb heraus immer tötet. Vielleicht passiert auch das vielen, vielleicht ist auch das normal.

Weniger normal dagegen sind bestimmte Träume, die ich nie aufgehört habe zu träumen, Verfolgungsträume. In allen Filmen und Träumen bin ich das Opfer. Jetzt kommt es vor, daß sie in Uniformen und Stiefeln auftreten, mit Hunden im Gefolge. Doch als ich klein war und jede Nacht Alpträume hatte, wußte ich nichts, und ich glaube nicht, daß ich aufgrund gewisser Anzeichen irgend etwas hätte erahnen können, wie etwa aufgrund der Tatsache, daß ich keine Großeltern, Tanten, Onkel und Cousins hatte, denn ich ging ja noch nicht zur Schule und konnte keine Vergleiche mit meinen Schulfreunden anstellen.

Möglich, daß meine Mutter mir nicht ihren Hunger vererbt hat, aber ihre Angst hat sie mir ungeteilt vererbt. Es ist schwer, ruhig zu bleiben, nicht nur dem Anschein nach ruhig, wenn neben einem ein Mensch ist, der sich ständig im Kampf mit Hindernissen und Hirngespinsten befindet, immer damit beschäftigt, den Satz »Ich schaffe das nicht mehr« besiegen zu müssen, vor allem, wenn man nicht der getreue Sancho Pansa dieses Menschen sein kann, hat man doch selbst die Investitur des Ritters, des Helden, vorgenommen, der sich den gleichen Tapferkeitsprüfungen unterzieht, die meine Mutter bestanden hat, oder muß an neuen Fronten für sie kämpfen.

Ich habe auch versucht, ihr zu erklären, daß ich wahrscheinlich weniger Mühe hätte, meine Hindernisse zu überwinden, wenn sie mich in Ruhe ließe und aus meiner Doktorarbeit, beispielsweise, keine Frage von Sieg oder Tod, von Verrat oder Treue machte. Tausendmal habe ich ihr gesagt, daß ich mich angesichts eines auf italienisch zu füllenden weißen Blatts Papier blockiere, daß ich noch niemals etwas wirklich Wesentliches in dieser Sprache geschrieben, niemals eine für die Universität verfaßte Arbeit abgeliefert hätte. Ich habe nicht erwartet, daß sie eine Angst verstehen würde, die so ganz anders ist als ihre Ängste. Erwartet habe ich nur, daß sie einen Augenblick innehält und den handfesteren Problemen zuhört, Problemen, die mit Bibliotheken zu tun haben, mit Dozenten. Sie erwiderte nur, daß so viele Personen ihren Uniabschluß gemacht hätten, die viel dümmer seien als ich, und daß mein Problem wieder nur der Mangel an gutem Willen sei.

Meine Ängste müssen ihre Ängste sein, haargenau, identisch. Sie läßt nicht zu, daß ich eigene haben könnte. Manchmal habe ich auch die Ängste überwinden müssen, die sie nicht zu überwinden verstand oder nicht überwinden konnte: zum Beispiel lernen, Ski zu laufen.

Für Sport bin ich nicht gemacht, sie ist nicht viel besser dran, aber es herrscht die Überzeugung vor, daß man alles erlernen könne. Meine Mutter hatte ein paar Versuche in dieser Sportart unternommen, sie sagt, es habe ihr nicht gefallen, sie habe es aufgegeben, aus Trägheit. Oder sie betont, wie heldenhaft das damals war und wie massakrierend: das Gewicht der hölzernen Skier, die Mühsal des Raufs und Runters ohne Skilifte. Ich habe die Befürchtung, daß ihr die Bretter beim schnellen Hinunterfahren auch Angst machten.

Wie auch immer, ich wurde auf Skier gestellt, weil – so heißt es in der offiziellen Erklärung – Sport guttut, und weil du, wenn du in Bayern nicht Ski laufen kannst, riskierst, nicht dazuzugehören. Es ging ganz gut, bis zum ersten Wechsel des Skilehrers, der mich eine viel zu steile Abfahrt hinunterfahren lassen wollte, woraufhin ich mich in meiner Panik – damals war ich wahrscheinlich um die fünf Jahre alt – davongemacht habe, ich schoß geradewegs ins Dorf hinunter und von da aus nach Hause. In dem Jahr gab es nichts, das mich dazu hätte bringen können, die Skier wieder anzubinden.

Im Jahr darauf haben wir den Skiort gewechselt, vom österreichischen Seefeld sind wir nach Valtournanche gefahren, wo italienische Freunde ein Haus gemietet und uns eine äußerst bewährte und erfahrene Skilehrerin empfohlen hatten, die auch die Lehrerin ihrer nun schon etwas größeren Kinder war. Die erste Lektion war eine Katastrophe.

Die Skilehrerin Ivonne Tamone erzählt heute, daß sie sich aus meinen Erklärungen und denen meiner Eltern die Vorstellung gebildet habe, ich sei bereits in der Lage, mit mehr, oder weniger geschlossenen Skiern hinunterzufahren, und sie habe mich deshalb in eine dritte Klasse mit zwei anderen Schülerinnen getan und uns mit der Seilbahn nach Plan Maison oberhalb von Cervinia gebracht. Nur schaffte ich gerade eben einen Schneepflug, weshalb sie noch heute nicht weiß, wie sie es fertiggebracht hat, mich diese Piste hinunterfahren zu lassen.

Ich erinnere mich nicht mehr genau, wie es gelaufen ist, aber ich bewahre ein Bild meiner Angst auf: die Neigung der von ein paar Buckeln gekennzeichneten Piste, der bewölkte Himmel, die Abfahrt im Schatten, ich, die ich nach unten blicke. Wichtig ist nur dies: der versteinerte Blick nach unten.

Nach Jahren habe ich Skilaufen gelernt, dank der Geduld und der Unbeschwertheit meiner Lehrerin Ivonne. Tausendmal hatte ich darum gebeten, aufhören zu dürfen, weil es so kalt war, weil meine Füße und meine Schultern, auf denen die Skier lagen, so weh taten, weil ich so Angst hatte. Ich habe diese Angst nie besiegt, nicht einmal dann, als ich in der Lage war, ein bißchen Slalom zu fahren. Genau zu dem Zeitpunkt, ich war ungefähr sechzehn, als ich inzwischen gut Ski lief, habe ich aufgehört.

Dieses Jahr habe ich wieder ein Paar Skistiefel gekauft, ich bin einige Male Ski laufen gegangen, ich fuhr langsam hinunter und machte die Bögen größer, wo die Piste steiler und schwieriger wurde. Das bedeutet nicht, daß ich erst jetzt Gefallen daran gefunden habe, aber es ist das erste Mal, daß ich mit innerer Ruhe hinuntergefahren bin.

Vielleicht werde ich eines Tages auch hinter dem Lenkrad eines Autos innerlich ruhig sein. Seit ich den Führerschein habe – auch in diesem Fall hatte ich das Glück, einen sympathischen, ruhigen, ironischen Fahrlehrer zu haben, einen Herrn aus Neapel, der kurz darauf in Rente ging –, drehten sich in meinem Kopf Bilder von Blut und die Gewißheit, eine Gefahr für mich und die anderen zu sein. Ich war mit meiner Mutter zusammen, die äußerst angespannt und immer bereit war, zu mir zu sagen »paß auf, schau dahin«, als ich meinen ersten Unfall hatte. Ich habe noch einen weiteren gebaut, diesmal alleine, ich habe einen Tropfen Blut auf der Stirn des Mädchens in dem roten, von mir angefahrenen Panda gesehen. Sie wurde in der Notaufnahme an zwei Stellen genäht, und ich habe seitdem nie wieder ein Lenkrad angerührt.

Meine Mutter fährt schlecht, aber sie fährt noch immer. Sie ist nicht schuld, wenn die Unvorhersehbarkeiten der Straße mich in Panik stürzen, weshalb ich dann nur fähig bin, zu reagieren oder, noch schlimmer, ich setze mich der Gefahr der falschesten Reaktionen aus, versteife mich beispielsweise, und trete dann deshalb aufs Gaspedal statt auf die Bremse.

Aber ich weiß, daß ich diesen Führerschein gemacht habe, weil es nicht anging, daß eine Zwanzigjährige sich von einer Sechzigjährigen herumchauffieren läßt, statt umgekehrt: weil ich mich schämte. Ich habe immer noch nicht den Mut zu fahren und schäme mich jedesmal, wenn ich mit ihr Auto fahre. Sollte ich jedoch jemals wieder fahren, wäre das letzte, was ich tun würde, mit meiner Mutter neben mir zu fahren. Bevor ich das wage, muß ich Abstand und Fertigkeit erlangt haben.

Zu meinen eigenen Ängsten kamen die, die sie mir machte, allerdings noch nicht zur Zeit meiner Alpträume, als sie mich ohne jeden Widerstand in ihr Bett schlüpfen ließ: Als ich klein war, war meine Mutter eine gute Mutter, das kann ich zwar nicht mit Gewißheit sagen, aber ich fühle, daß es so gewesen sein muß.

Später, ganz abgesehen von den Filmen und den Träumen, habe ich nur vor ihr wirklich Angst gehabt: Angst vor ihrer Gabe, sofort den Fehler herauszufinden, die wenigen verbotenen Dinge, die ich tat, die sehr seltenen Lügen. Angst vor ihren Verhören, ihren Fragen, ihrer Kontrolle über mich. Und dann vor dem Geschrei, vor den Worten, die sie mir ins Gesicht schleuderte, vor ihrem Urteilsspruch.

Und trotzdem lag keine Ruhe in der Verurteilung, ich durfte mich nicht einmal ergeben. Es war nur ein Weg, mir zu sagen, du hast es nicht geschafft, du mußt es schaffen. Daraus erwuchs dann eine Angst vor nichts Bestimmtem, davor, nicht fähig zu sein, die Aufgabe des Lebens zu bewältigen, davor, der Wurm zu sein, von dem sie sprach, und diese Angst wurde zu Unruhe, Panik, echter Existenzangst, eine Unruhe, die manchmal mit der ihren übereinstimmte, manchmal auch nicht, wie eine Ansteckung durch ihre Ängste oder ein Reflex auf ihre Rage oder wie ein Gebiet, das mir allein gehörte, auf dem ich allein verlieren, unbeurteilt untergehen durfte.

Außer den als Vampire, Haifische und Serienmörder verkleideten Nazis war mir auch meine Mutter auf den Fersen, die versuchte, mir einzubleuen, wie ich mich vor ihnen schützen konnte, wie fliehen, wie oben bleiben, wie es schaffen. Zu den Ängsten, die sie mir als erwartungsvolle Unruhe oder als Aggression vermacht hat, kommen meine eigenen. Aus diesem Grund habe ich so gut gelernt, mich anzupassen, auszuweichen, nicht aufzufallen, keinen Streit zu suchen, mich zu tarnen.

In einem Winter spielte auf der schneebedeckten Wiese vor unserem Haus in Valtournanche eine junge Mutter mit ihrem drei- bis vierjährigen Kind mit Eimerchen und Schüppchen wie am Meer. Ich muß ungefähr zehn Jahre alt gewesen sein und hatte Lust, ein bißchen mit ihnen auf dem festen, glitzernden Schnee zusammenzusein, den ich mir auch gerne in den Mund steckte. So haben wir eine Reihe von Türmen gebaut, das Kind war ganz auf seine Arbeit konzentriert, und ich unterhielt mich mit der Mutter. Sie saß auf einem Felsblock, der aus der Schneedecke herausragte.

Ich erklärte ihr, woher ich kam und so weiter, und weil sie mir sympathisch und interessiert vorkam, muß ich ihr anvertraut haben, daß ich Jüdin sei, was auch für mich so etwas wie ein ziemlich neues Geheimnis war, mit dem ich Eindruck auf sie machen wollte. Und darauf hat sie gesagt: Dann kennst du ja sicher auch das Lied von dem Kind, das durch den Kamin ging. Ich habe ihr sagen müssen, daß ich es nicht kannte.

Da hat sie mir erklärt, wie das Lied geht und was dahintersteckt, ein bißchen erstaunt, glaube ich, daß ich zum ersten Mal von jüdischen Kindern hörte, die in Asche und Wind zerstoben sind. Ich weiß nicht mehr, wie ich reagiert, was ich empfunden habe. Ich habe nur den Schnee in Erinnerung behalten, die Sonne, das Kind, das ganz in seiner Beschäftigung aufging und so zufrieden war mit seinen Türmen, die Mutter, die mir die Worte des Liedes wie ein häßliches neues Märchen erzählte und es geduldig und freundlich erklärte.

Dann bin ich wieder hineingegangen, ich habe meinen Eltern wohl etwas über die gerade gehörte Neuigkeit gesagt.

Ich erinnere mich nicht mehr, was sie geantwortet haben, ich glaube nicht, daß sie versuchten, es genauer zu erklären, es auf irgendeine Weise zu erklären, auch nicht, ohne die Geschichte von dem Kind durch ihre eigenen Geschichten zu ersetzen. Aber eigentlich erinnere ich mich nicht, mit ihnen geredet zu haben. Möglich, daß ich spürte, daß ich es nicht tun durfte. Möglich auch, daß ich mir sagte, Lieder seien unglaubwürdig.

Es vergingen dann noch ein paar Jahre, bevor ich mehr erfuhr. Ich habe auch das Lied gehört, über das diese junge Mutter geredet hatte, ich habe es bei dem Studenten gehört, den ich später geheiratet habe, dann bei den Konzerten des Liedermachers, der es geschrieben hat, und jedesmal bin ich berührt, bin berührt wie jeder, und dann werde ich traurig, weil ich auf die Frage »Wann endlich wird der Mensch lernen zu leben, ohne zu morden?« immer antworte »Nie«. Und ich erinnere mich nie an diese Mutter.

Wenn ich jetzt wieder daran denke, bin ich fast überzeugt, daß ich meinen Eltern nichts gesagt, daß ich es aus Instinkt nicht getan habe. Was hätten sie mir in diesem Augenblick auch sagen sollen oder auch vorher oder nachher? Daß es diesen Kamin wirklich gab, daß es mehr als einen gab, daß außer dem erfundenen Kind auch die Großeltern, die Tanten und Onkel und auch die Kinder einiger Tanten und Onkel darin in Rauch aufgegangen sind?

Sie haben das nie gesagt, in keiner Form. Ein paar Jahre später, als ich aus Büchern, aus Zeitungen, aus dem Fernsehen, das die Serie »Holocaust« ausstrahlte, und auch von ihnen selbst erfuhr, was geschehen war, sagten sie lediglich, daß sie sich beide gerettet hätten. Aus diesen Worten konnte man sich leicht ein Bild machen.

Doch vorher verwechselte ich fast alles. In der Grundschule hatte die Lehrerin Barbara Käufer, die eine große füllige Person war, weich, mit einer taubenartig gurrenden Stimme, eine Lehrerin, die ich sehr mochte, erklärt, daß die

Juden auf die Fragen des Pontius Pilatus geantwortet hatten, sie würden lieber den Dieb Barrabas freilassen und Jesus Christus zum Kreuz verurteilen. Sie erzählte das, was in den Evangelien steht, nicht mehr und nicht weniger. Doch ich, die ich jedes Jahr meinen schönen Weihnachtsbaum, meinen Adventskalender und meinen Adventskranz mit roten Kerzen hatte, ich, die ich jeden Morgen zusammen mit meinen Mitschülern das »Vater unser« betete und an das Jesuskind glaubte, vielleicht seit kurzem auch schon nicht mehr, weil ich lange Zeit eine ziemlich inbrünstige Kinderliebe für Jesus hegte, ich hatte den Drang verspürt, der Lehrerin Käufer zu sagen, hören Sie, auch meine Eltern sind Juden, hören Sie, sie haben damit überhaupt nichts zu tun.

Ich hatte »meine Eltern« gesagt, weil irgendwie diese Nachricht zu mir gedrungen sein mußte, ich weiß nicht, ob aufgrund einer Andeutung von ihnen oder weil ich es aufgeschnappt hatte, obgleich ich sehr wohl wußte, was auch mein Personalausweis bezeugte, daß ich nämlich keiner Religion angehörte, weder der katholischen, noch der protestantischen, weil, so hatten es mir meine Eltern erklärt, »wenn du groß bist, kannst du selber entscheiden, welche dir am besten gefällt«.

Das alles habe ich meiner Lehrerin erklärt, die, nachdem sie sofort gesagt hatte »aber natürlich haben deine Eltern nichts damit zu tun«, irgendwie ratlos war. Sie wollte genauer verstehen. Dann hat sie es aufgegeben und die Sache auf sich beruhen lassen.

Es ist nicht die Geschichte meiner durch den Kamin gegangenen Großeltern, die ich lieber zuerst und genauer von meinen Eltern erfahren hätte, sondern es ist die andere Sache. Denn als ich begriffen hatte, daß auch ich Jüdin war, zumindest deshalb, weil ich ihre Tochter war, hat es mir leid getan, auf das Jesuskind verzichten zu müssen, auch wenn ich eigentlich schon nicht mehr an es glaubte.

Dann kam der Augenblick, in dem das nie aufgestellte Tabu fiel, meine Eltern haben sich dem Judentum wieder angenähert, das heißt ihrer Jüdischkeit. Mein Vater, der mir nie etwas dazu gesagt hatte, hat mir zumindest dies eine erklärt: daß er, der orthodox aufgewachsen und in seiner Jugend Zionist und Sozialist gewesen war, mit dem Ewigen, angesichts dessen, was geschehen war, abgeschlossen und den Jahrhundertvertrag zerrissen hatte.

Nicht, daß er auf diese Angelegenheit zurückkommen wollte, als er irgendwann wieder anfing, in die Synagoge zu gehen, zweimal im Jahr, zu Rosch Haschanah, dem Neujahrsfest, und zu Jom Kippur, dem Versöhnungstag, auch wenn ich ihn von oben, von der Brüstung der »Weiberschul«, mit der Kippah auf dem Kopf, eingehüllt in seinen weißen Tallith mit den Schaufäden sah: Wie leicht er sich tat, die Gebete in dem Buch zu lesen, das er sich mit nur einer Hand vor die Augen hielt, wie er sich im Rhythmus und in die richtige Richtung überall hin wiegte, wie er lächelte, als er mit großem Schulterklopfen und sogar mit Küssen die Männer grüßte, wenn er eintrat oder wenn er wegging. Und manchmal hörte ich sogar seine Stimme, ich erkannte sie unter den anderen Männern beim Singen der Gebete.

Ich begleitete ihn, weil mir daran lag. Meine Mutter kam nicht immer mit, sie schickte lieber mich. Und außerdem ging ich gerne dorthin, die Gesänge, die psalmodierten Gebete gefielen mir und der feierliche Eindruck großer Festlichkeit, vor allem, wenn die Thorarollen mit ihrem Überzug aus Samt und Silber durch die Synagoge getragen wurden, und ich sah, wie die Männer, unter ihnen mein Vater, den Arm ausstreckten, um sie zu berühren und zu küssen, ich mochte das Behagen meines Vaters und vielleicht auch, daß er mir schöner vorkam als viele andere Männer da unten.

Als Kind ging ich auch gerne in die Kirche, doch da bin ich nur zu wenigen Gelegenheiten gewesen, und immer in Italien. Daß ich kein weißes Kleid mit Schleiern haben und die

Hostie schmecken konnte, brachte jedenfalls eine gewisse Enttäuschung mit sich, war aber nichts Schreckliches, denn es gab ja auch die Protestanten, die ebenfalls keine Erste Heilige Kommunion kannten.

Ich muß ungefähr dreizehn gewesen sein, als meine Eltern ihre jüdische Seite wiederentdeckten. Und darin bestand sie: Zu Hause trafen von da an zwei jüdische Zeitungen ein, die flüchtig durchgeblättert wurden, meine Eltern traten einer Organisation zur Unterstützung Israels bei und nahmen an einigen festlichen Abendessen, einigen Wohltätigkeitsveranstaltungen, einigen Vorträgen teil, und am Tag des Jom Kippur, dem Versöhnungstag und Tag des rituellen Fastens, kochte meine Mutter, um den hohen Festtag feierlich zu begehen, ein nie zuvor gesehenes typisches Essen, Karpfen süß.

Doch vor allem hielten sie es an diesem Punkt für geboten, daß ihre Tochter andere jüdische Kinder ihres Alters kennenlernen sollte. Das war ziemlich einfach zu organisieren, weil die jüdische Gemeinde von München klein und verhältnismäßig geschlossen ist, und es gibt auch ein Jugendzentrum, wo sich die Kinder und Jugendlichen einmal in der Woche nach Altersgruppen versammeln, die von zwei unterschiedlichen Zionistenorganisationen geleitet werden: einer weltlich geprägten und einer mehr religiösen.

Ich wurde zu den Weltlichen geschickt, und dort bin ich etwas über ein Jahr geblieben, ohne daß mich jemand seiner Beachtung für würdig befunden hätte, mich, die ich eingenommen war für den Gruppenleiter, der bereits Student war und mir ungeheuer schön und tiefgründig vorkam, der einen Lockenkopf, große verschattete Augen und ein geistesabwesendes, distanziertes Verhalten hatte.

Wäre es nicht wegen dieses Rani Giersch gewesen, den ich wenigstens anhimmeln konnte, wäre ich nicht jedesmal schweigsam und manchmal auch motzend nach Hause zurückgekehrt, hätte ich mit größerer Entschiedenheit verlangt, nicht mehr dorthin zu müssen. Denn diese Jungen und Mädchen kannten sich, wie ich meiner Mutter erklärte, schon aus dem Kindergarten, sie bildeten eine eigene Gruppe, und mit einer wie mir, die wer weiß woher aufgetaucht war, wollten sie nichts zu schaffen haben, sie blieben unter sich, mehr oder weniger offen argwöhnisch.

Schon in der Schule hatte ich fünf oder sechs Jahre als schwarzes Schaf zugebracht. Meiner Mutter gelang es nur zum Fasching, ein paar Schulkameradinnen zu einem Kostümfest mit einem Berg köstlicher Krapfen zu uns nach Hause zu locken: Und es begeisterte mich überhaupt nicht, jetzt, wo ich endlich ein paar Freundinnen hatte, diese Erfahrung mit jungen Juden zu wiederholen.

Und außerdem, sagte ich in Augenblicken größten Stolzes, was habe ich eigentlich mit diesen Jugendlichen zu schaffen, die von Kopf bis Fuß nach der neuesten Mode gekleidet waren, mit dem Schmuck und den Absätzen der Mädchen und den Rolex-Uhren, die viele dieser Dreizehnjährigen am Handgelenk trugen? Ich, mit meinen auf dem Flohmarkt gekauften Westen, den hausgemachten Glasperlenohrringen und den viel zu großen Jacquardpullovern, mit meinen Büchern und der Musik, die sie nicht einmal kannten, sie, die nach dem Soundtrack von *Saturday Night's Fever* verrückt waren.

So waren sie, so sind sie noch heute, abgeschottet, unter sich seit ihrer Kindheit, von den Eltern, die überlebt haben, in Gold gegossen. Im allgemeinen war es so: Je reicher ihre Familien waren, um so schlechter waren sie in der Schule, besonders in den Geisteswissenschaften, wo man merkte, daß sie kein Deutsch konnten, sondern nur diese Art Dialekt, den man bei ihnen zu Hause sprach, das Jiddische. Aber was machte das schon, die Eltern konnten sie ja immer noch zur Nachhilfe schicken.

Sie wachsen zusammen auf und heiraten untereinander, sie heiraten in aller Regel sehr früh, jemanden, den sie seit Jahren kennen. Im allgemeinen treibt sie nicht die große Liebe, sondern die Notwendigkeit, in aller Eile den besten Kandidaten zu wählen, den der Markt feilbietet. Dann bekommen sie ein oder zwei Kinder, zur großen Freude der Eltern, in deren Geschäfte sie eintreten, um zu arbeiten. Sie kümmern sich um ihre Angelegenheiten und um die Familie, wie es schon ihre Eltern getan haben, und um wenig anderes.

Sie haben keine Freunde draußen, unter den Deutschen, oder fast keine. Nur ein paar Jungen wagen es, sich manchmal auch mit einer Deutschen einzulassen. Das ist kein Problem, solange es hauptsächlich um Sex geht, kann man sie noch »Schikse« nennen, das heißt sowohl »Nichtjüdin« als auch »Flittchen«: es heißt beides, als wäre es dasselbe. Einmal hat ein Junge, der zu halben Bekenntnissen aufgelegt war, Gefühle durchscheinen lassen, die er niemals offen zugegeben hätte. Aber mit dem Mädchen hatte er schon Schluß gemacht. Sich als fest befreundet zu bekennen oder, noch schlimmer, an Heirat zu denken, war und bleibt etwas nahezu Undenkbares.

Das hat nur ein Freund von mir getan, einer, der auf die Religion und auf die Tradition hält: seine Freundin ist übergetreten, aus Liebe, weil zu dem Mann, den sie heiraten wollte, das Jüdische einfach gehört. Doch bevor das geschah, brach seinen Eltern die Welt zusammen; der Vater erschien nicht zur standesamtlichen Trauung. Vielleicht wären nicht alle Eltern so weit gegangen, aber auf wesentlich verständigere Reaktionen konnte man nicht hoffen.

Heute lebt dieser Freund im Ausland, er hat eine kleine Tochter, ist glücklich, einer der wenigen, von dem ich das mit Gewißheit sagen kann. Auch das Problem mit den Eltern hat sich gelöst: Sie sind dann zu seiner Hochzeit gekommen, die die schönste jüdische Hochzeit war, an der ich je teilgenommen habe, vielleicht, weil wir auch den Mut der Brautleute gefeiert haben. Heute vertragen sie sich mit der Schwiegertochter, mögen sie wirklich gerne.

Ich stelle mir vor, die Eltern meines Freundes sind einfach Menschen, die in irgendeinem Schtetl in Polen aufgewachsen sind, wie fast alle, die sich aber nach dem Krieg weniger gut erholt haben als andere. Vielleicht hat die Tatsache, daß sie nur die Pächter eines kleinen Geschäftes waren, meinem Freund geholfen, seinen ganzen Mut zusammenzunehmen. Die anderen sind in einem schönen goldenen Ghetto aufgewachsen, erstickt vom Geld, das sie vor jedem Verlust bewahren, vor jedem Übel beschützen sollte. Wer die Kraft dazu hatte, ist weggegangen, und wenn er dann zurückkam, war er in jeder Hinsicht ein anderer. Die anderen sind noch immer da, sehen älter aus, als sie sind, führen ein Leben, das lediglich die modernere, reichere und liberalere Version dessen ist, das man in einer Welt führte, die es nicht mehr gibt, in Osteuropa.

Dann ist es mit meiner Eingliederung unter den jungen Juden allmählich besser gelaufen. Ich fand zwei Freundinnen, eine echte und eine, die so ganz anders war als ich, eine vorübergehende. Nach den Treffen wurde auch ich eingeladen, eine angebruzzelte Pizza im Restaurant »Ischia« zu essen, die Pizza, die jemand manchmal »mit Schinken« zu bestellen wagte. Ich war noch zwei oder drei weitere Male verliebt.

Am Ende hat die echte Freundin Deutschland verlassen und mich als Leiterin der Gruppe der Dreizehnjährigen vorgeschlagen, die sie bis dahin gewesen war. Und weil niemand sonst dazu bereit war, habe ich angenommen. Ich habe fast ein Jahr lang ihre Diskussionen über jüdische Themen geleitet, ich wurde toleriert, respektiert, doch niemals als eine von ihnen akzeptiert. Dann habe ich aufgehört, das jüdische Jugendzentrum in München zu besuchen.

Nahezu das einzige, was ich von diesen Diskussionen in Erinnerung behalten habe, ist die Bemerkung von einem meiner »Schüler«, der, als ich erklärte, daß ich das Fasten am Jom Kippur nicht einhalte, gesagt hat »dann bist du auch keine

Jüdin«. Aber das machte mir schon nichts mehr aus, es beleidigte mich nicht mehr. In diesen drei, vier Jahren, in denen ich das Jugendzentrum besuchte, habe ich mich wie eine andere gefühlt, wie eine Fremde, so fremd wie vielleicht nie zuvor, denn zuvor, in der Schule, begriff ich nichts und sah nicht, worin meine Andersartigkeit bestand. Aber genau in ihr habe ich auch zum ersten Mal so etwas wie Stolz entdeckt. Diese Jugendlichen, die mich nicht akzeptierten, und bei denen ich so tat, als würde ich sie meinerseits verachten, machten mich auch traurig.

In der Schule gab es endlich auch Freundinnen, wir fingen an, auf die eine oder andere Party zu gehen, wir hatten unsere Treffpunkte, unsere Cafés im Winter und unsere Wiesen im Sommer, unsere Musik, unsere Bücher, unsere künstlerischen und politischen Leidenschaften, unsere Diskussionen, wenn wir durch die Stadt schlenderten. Sie, die Kinder der anderen Juden, konnten sich das nicht einmal vorstellen. Die Tatsache, daß ich ihnen erst mit dreizehn Jahren über den Weg gelaufen bin, dachte ich nun, hatte auch ihr Gutes.

Im Gymnasium habe ich zwei wichtige Lehrerinnen gehabt. Beide unterrichteten Latein, jede war auf ihre Weise eine gute Lehrerin, was alle anerkannten. Gut, weil beide die Gabe des Erzählens besaßen, wobei sie vom Scherz zur ernsthaften Frage, von der Antike zur Moderne übergingen. Die erste, eine Laienschwester, Benediktinerin, unterrichtete auch Religion, die andere »Ethik«. Von der Religionsstunde war ich bis zu dem Jahr befreit, in dem der Ethik-Unterricht begann, doch wenn die Bischopink da war, blieb ich im Unterricht bei den Katholiken.

Sie machte keinen Dogmatikunterricht, sondern Lesungen heiliger und weltlicher Texte, Hermeneutik im kleinen, Reflexionen und Diskussionen über die großen Themen. Beeindruckend waren die erzählerische Begabung und der Sinn für Humor bei dieser Frau um die sechzig, die sich im Fasching von Kopf bis Fuß unerkennbar mit einem Löwenkostüm in der Klasse präsentierte. Sie hatte quicklebendige dunkle Augen und eine farbige Ausdrucksweise, nichts von einer Nonne.

Sie war ein paar Jahre jünger als ihre atheistische Kollegin, Frau Doktor Luber, mit der sie sehr gut auskam. Vielleicht wegen des Sinns für Humor, der sie verband, wegen des Mangels an Respekt für die »auctoritates«, vielleicht aber auch, weil beide den Nationalsozialismus und den Krieg als Mädchen erlebt hatten. Das konnte man an der Art ablesen, wie sie bestimmte heilige Texte der Lateiner auseinandernahmen, den *De bello gallico* und die *Catilinarien*. Stellt euch vor, empfahl Frau Luber, wie man uns die Sache erzählt haben würde, wenn Catilina gesiegt hätte. Dann hielt sie bisweilen inne, um uns Verwandtschaften und Unterschiede zwischen der propagandistischen Rhetorik der Römer und der von ihr erlebten zu erklären.

Am Ende erzählte sie manchmal, sie erzählte von ihrer Jugend unter Hitler, mit festem Ton, angefeuert von einer wutgeladenen Ironie. Frau Luber hielt nicht hinter dem Berg, sie predigte nicht, noch leugnete sie oder heulte Rotz und Wasser, daß sie im BDM und später, während des Krieges, bei der Flak war. Mit ihrem roten Gesicht, das aussah wie das einer Säuferin, mit ihrem schütteren strohigen Haar und ihren unmäßigen Bewegungen, die immer ungestüm waren, erzählte sie uns von ihrem Leben, damit wir begreifen und als wahr hinnehmen konnten, was anderenfalls leeres Wissen bleiben würde, wie die Geschichte Roms.

Weder sie noch ihre religiöse Kollegin und Freundin gehörten zu den liberaleren und engagierteren Lehrern, doch sie vermittelten eine andere Kraft und Freiheit, und bei all ihrer Ironie blieben sie im Grunde aufmerksam und ernst und nahmen auch uns ernst. Unter anderem verdanke ich diesen beiden Lateinlehrerinnen die Immunität gegenüber dem jüdischen oder »weltlichen« Vorurteil gegenüber Christen und das Bewußtsein, daß man nicht alle Deutschen meiden muß, nicht einmal die, die, zumindest ein bißchen, wirklich Nazis gewesen waren.

Dann gab es noch eine andere Lehrerin. Sie hieß Karen, Margit Karen, und unterrichtete Kunsterziehung. Sie war zur Zeit der russischen Invasion aus der Tschechoslowakei geflohen, das wußten wir. Außerdem sprach sie deutsch mit starkem ausländischen Akzent und einigen Schnitzern.

Ich erinnere mich, daß sie relativ jung war, fünfundvierzig, höchstens fünfzig, sie sah jünger aus, weil sie klein und zierlich war, sie hatte ein jugendliches Gesicht mit dunklen Augen, kurze Haare, war freundlich, niemals streng, hatte etwas Schüchternes, fast Mädchenhaftes, was vielleicht auf ihre ausländische Herkunft oder die Nebensächlichkeit ihres Fachs oder auf ich weiß nicht was sonst zurückzuführen war.

Ich weiß es nicht, denn damals bemerkte ich nicht das Besondere an ihr, auch wenn ich sehr wohl begriff, daß ich zu ihren bevorzugten Schülerinnen gehörte, obwohl ich im Zeichnen nie gut gewesen bin.

Zudem fanden mich meine Lehrer im großen und ganzen sympathisch, nicht aber meine Schulkameradinnen, was ich bei weitem lieber gehabt hätte. Ich war nie eine Streberin, in der Schule war ich gut, nicht sehr gut, und nur in Fächern, die ich mochte, in den anderen, das heißt in den naturwissenschaftlichen, allen voran Mathematik, war ich eine Niete. Vielleicht mochten mich bestimmte Lehrer gerade deshalb, wie die Bischopink und die Luber, die im Grunde die Klassenbesten nicht so schätzten. Es war riskant, sich einer übermäßigen Zustimmung von seiten hochgeschätzter Lehrer zu erfreuen, doch zu diesen zählte Margit Karen nicht. Ihr gegenüber gab es zwar kein abweisendes Verhalten, aber sie war meinen Schulkameradinnen gleichgültig, und auch ich, das muß ich aufrichtigerweise sagen, war mehr für andere Lehrer eingenommen.

Erst einige Jahre nach dem Abitur habe ich folgendes erfahren: Sie war mir deshalb so zugetan, weil ich ein jüdisches Mädchen war – im Gymnasium war mir das klar, und ich habe es selbst gesagt –, weil sie ebenfalls Jüdin war, was aber keiner von uns wußte. Sie hatte Angst, daß man es erfahren könnte. Sie hatte Angst vor ihren Kollegen, vor den Eltern, vor den Kindern.

Das hat mir meine Freundin Zuzana Stern erzählt, auch sie stammte aus Prag. Ihre Mutter war eine enge Freundin meiner Lehrerin, die sie Gitta nannte. Karen, so hat sie mir außerdem erklärt, war die tschechische Angleichung des Namens Kohn. Sie, das heißt ihre Mutter und Gitta, hatten einen Teil ihrer Kindheit zusammen im Lager Theresienstadt verbracht, wo die Kinder jene Buntstiftzeichnungen machten, die heute in Prag ausgestellt sind, im Museum der Pinkus-Synagoge. Vielleicht hat meine Lehrerin ihre Leidenschaft für die Malerei dort entdeckt.

Margit oder Gitta Karen hatte sich aus Gesundheitsgründen frühzeitig pensionieren lassen. Ihre Angst hatte zugenommen. Sie sah nur noch ganz enge Freunde, schlief nicht, ging nur noch selten weg. Zuzana machte gelegentlich Andeutungen über Gitta Karens Probleme, die allmählich immer schlimmer wurden. Dann hat sie mir eines Tages gesagt, daß sich Gitta Karen umgebracht habe.

Mein Vater hatte einen Infarkt mit vierzig und mit sechsundsechzig einen weiteren, den tödlichen. Meine Mutter verzeiht sich das nicht. Schon viele Jahre vor seinem Tod war er kurzatmig gewesen, sie meint auf Grund einer chronischen Nebenhöhlenentzündung, hervorgerufen durch einen Riß in der Scheidewand. Oft, wenn er ging, mußte er einen Augenblick stehenbleiben, um wieder zu Atem zu kommen, und er versteckte diese Ruhepause hinter einer vorgeschobenen Tätigkeit: Er suchte irgend etwas in den Manteltaschen oder, und das war sein liebster Tick, er fuhr sich mit einer runden Plastikbürste übers inzwischen schütter gewordene Haar. Es war fast unmöglich, diese Bürsten noch irgendwo im Handel aufzutreiben. Es gab sie nur noch in Italien, in den hinteren Räumen der einen oder anderen Drogerie oder auf dem Markt. Solange er lebte, hat mein Vater immer eine dieser Bürsten in der Tasche gehabt.

Heute ist meine Mutter der Überzeugung, daß das Keuchen ein Anzeichen für eine schwere Krankheit war, Herzasthma. Sie stritten, wenn sie versuchte, ihn zum Arzt zu schicken, und er weigerte sich wütend. Sie habe nicht ausreichend darauf bestanden, nicht ausreichend mit ihm gestritten, sie sei es leid gewesen, sagt sie, herumzustreiten, für alles zu kämpfen.

Jetzt, nachdem er seit zwölf Jahren tot ist, habe ich den Eindruck, daß mit dem Abstand auch ich eine Krankheit bei ihm erkenne. Doch ist es nicht die, von der meine Mutter überzeugt ist, die, die einen Namen trägt, Herzasthma, und die, wenn richtig, wenn rechtzeitig behandelt, seinen Tod verhindert hätte, wie sie glaubt. Mag auch sein, daß es sich wirklich um Herzasthma gehandelt hat oder um ein anderes Herzleiden oder ganz einfach um Asthma. Möglich, daß es das Herz oder die Atemwege waren, Nebenhöhlenentzündung und Asthma und von Tbc zerfressene Lungen, ich weiß es nicht und werde es auch nie wissen. Ich weiß nur, daß sein Stehenbleiben beim Gehen, seine heimlichen Augenblicke der Müdigkeit und Verwirrung, wie auch seine unbezähmbaren Wutausbrüche und andere tägliche Gesten und Verhaltensweisen für mich auf etwas Verbrauchtes, etwas Wehrloses, ja sogar auf etwas Zerbrochenes hinweisen: mein Vater, der sich die wenigen hochstehenden Haare kämmt, als ob er sich den Kopf mit diesen bunten, harten Borsten streichelte oder kratzte, mein Vater, der fast jeden Abend die Schuhe für uns alle drei putzt, mein Vater, der irgend etwas zurechtrückt, der einen Gegenstand von einem Zimmer in ein anderes trägt, um seine prekäre Ordnung, seine persönliche Ordnung zu schaffen, der mit einem spiritusgetränkten Tuch über einen Glastisch und die Spiegel fährt, aber nie in der Küche mithilft, mein Vater, der sich gurgelnd die Zähne putzt, mein Vater, der mir ganz ernsthaft beibringt, daß man nach einem Schrecken erst mal Pipi machen muß...

Da taucht in mir der Gedanke auf, daß mein Vater, und nicht meine Mutter, derjenige war, dem es weniger gelang, sich einen äußeren Anschein von Gesundheit zu geben, auch wenn dieser auf einem Gleichgewicht ganz und gar nicht gesunder Kräfte beruhte. Dann, wenn ich weiter reflektiere, wird mir dies auch durch seinen Mangel an Initiative auf jedem Gebiet bestätigt: Nicht er war es, der die wenigen Freunde suchte oder die Aktivität der Geschäfte entwickelte, der die Wohnung kaufte oder den Entschluß faßte, Polen zu verlassen. Meine Mutter war der Motor ihrer beider Leben. Er tat, er schaffte, er begeisterte sich für das eine oder andere Projekt, manchmal verwirklichte er es, oftmals nicht, manchmal ging es schief oder nicht so, wie er es wollte, weil er nicht über die nötige Ruhe, Beharrlichkeit und Berechnung verfügte, die unverzichtbar sind.

Wenn es sich ergab, fühlte er sich in Gesellschaft wohl, lachte laut, diskutierte voller Eifer, stellte seine Fähigkeit, Geschichten zu erzählen oder Personen nachzumachen, unter Beweis, war jovial, offen, zufrieden und verpaßte den Eingeladenen liebevolle Knüffe. Aber er hatte aufgehört, Bücher zu lesen, er, ein Mann, der auf alles neugierig war, der nachdenklich war, Geschichten liebte, Knobeleien, er, ein großer Erzähler. Als ich klein war, las er mir aus den *Griechischen Götter- und Heldensagen* von Gustav Schwab vor und aus der *Ilias* und der *Odyssee*. Dann phantasierten wir gemeinsam weiter, er fügte frei erfundene Varianten an, veränderte die allzu grausamen Schlüsse. Er hat mir auch die Geschichte von Joseph und seinen Brüdern erzählt, auch die von Jakob, dem vom Herrn auserwählten Betrüger und Dieb, eine Geschichte, die ich nie verstanden habe.

Einmal, als ich im Krankenhaus war, hat er, bevor er wieder wegging, ein Märchen mit einem Elefanten als Hauptfigur erfunden. Die anderen Kinder im Zimmer hörten gebannt zu, ich war glücklich und stolz. Solche Märchen muß er wohl oft erfunden haben, aber ich erinnere mich nicht mehr an sie. Auch hier habe ich nur die Einzelheit des kleinen Elefanten, die Stille im Zimmer, die wachsende Aufmerksamkeit der anderen Kinder und meinen Stolz in Erinnerung behalten.

Wenn er zusammen mit meiner Mutter spät aus dem Geschäft wieder nach Hause kam, sah mein Vater nach dem Abendessen die Fernsehnachrichten und setzte sich dann auf sein Lieblingssofa, ein altes Sofa in einem kleinen Zimmer, neben dem Schreibtisch und einem niedrigen Möbelstück, und las die Zeitung. Er las sie praktisch von Anfang bis Ende, hatte dabei eine alte Wolljacke an, die schon vor langer Zeit an den Ellbogen mit Lederstücken geflickt worden war und die meine Mutter eines Tages verschwinden ließ, worauf er einen Wutanfall bekam. Für eine Weile fühlte er sich nackt. Auf dem Sofa und mit seiner Zeitung ging es meinem Vater gut.

Diese Bilder sind es, die mir jetzt das Gefühl geben, einen Vater gehabt zu haben, der weder besonders merkwürdig als Person war, noch eigentlich krank – ich meine eine jener Seelenkrankheiten, die einen Namen haben: Angst, Depression ... –, sondern nur ein bißchen gebrochen. Sicher, er hatte ein komplizierteres Wesen als meine Mutter, seit seiner Geburt vermutlich. Doch ich glaube, er hat die Verfolgung nicht so gut durchgestanden, ausgerechnet er, der dank seines falschen Passes und vor allem dank seiner Fähigkeiten zur Verstellung, die er mir hinterlassen hat, davongekommen war, dem Schlimmsten entgangen ist, den Lagern.

Dann überkommen mich Zweifel, ob nicht auch dies zählen könnte: die Tatsache, daß er seine Haut zu einem viel zu niedrigen Preis gerettet hat. Vor nicht allzu langer Zeit ist meiner Mutter ein Satz herausgerutscht, der meinen Verdacht zu bestätigen scheint. »Auch dein Vater«, sagte sie, »wollte immer, daß ich ihm von den Konzentrationslagern erzähle, und ich habe mich immer geweigert.«

Für jemanden wie ihn, stolz, kämpferisch, muß es schrecklich gewesen sein, das eigene Glück und zugleich die eigene Ohnmacht zu akzeptieren: niemanden verteidigt, niemanden geschützt, nur das eigene Leben halb zufällig, halb durch »Verdienst« gerettet haben zu können. Ich glaube, für die Männer war es schwerer: über die Katastrophe hinaus ein Versagen, eine Schmach.

Fast immer ist es so, daß sich die Gebrechen der Verfolgung mit dem Älterwerden einzustellen beginnen. Das sagen die Bücher, auch ich habe es bei verschiedenen Bekannten beobachtet. Die Überlebenden werden viel ängstlicher oder depressiv oder von Verfolgungswahn heimgesucht. Doch es gibt keine Regel, auch keine Entsprechung zwischen Ursache und Wirkung. Jeder Mensch ist ja anders. Es ist jedoch möglich, daß die schlechter dran sind, die sich gerettet haben, indem sie sich monate- oder jahrelang in einem Schrank, einem Keller, irgendeinem Loch versteckt hielten. Es ist, als wären sie niemals mehr ganz aus diesen Schränken herausgekommen.

Es gibt Menschen, die sich das Leben genommen haben und damit an sich selbst das Werk der Nazis vollbrachten. Doch außer meiner Lehrerin kenne ich nur Beispiele berühmter Intellektueller, Schriftsteller und Dichter. Es gibt Menschen, die nicht zum Arzt gehen, obwohl sie wissen, daß sie der Gefahr einer tödlichen Krankheit ausgesetzt sind, wie mein Vater. Andererseits gibt es unzählig viele Menschen, Menschen, die so sind, sich in kleinen und kleinsten Dosen umzubringen, und die Psychologen zerbrechen sich den Kopf über die Frage, warum man sich mit so großer Beharrlichkeit Leid zufügt.

Im Grunde stirbt ein Großteil der Überlebenden eines natürlichen Todes, ohne vorher Anzeichen einer seelischen Zerrüttung oder eines Leidens zu zeigen, wenigstens scheint es so. Ein Infarkt, bei dem nichts mehr zu machen ist, ist nichts Merkwürdiges bei einem Mann von sechsundsechzig Jahren. Doch mein Vater, der die Zeitung las, allein, auch samstags und sonntags immer zu Hause eingeigelt, mein Vater, der an Atemnot litt, ist derselbe, der aus einem nie hinreichenden Grund lauthals zu brüllen anfing, ein Mann, dem die Kraft, die er hätte haben können, die Kraft, die man an seinen Wutausbrüchen wie an seiner Innerlichkeit spüren konnte, genommen worden war, von anderen.

Ich will sagen: Ich versuche zu verstehen, aber ich weiß nicht, was, noch wieviel ich wirklich verstehe. Bücher habe ich nicht ausreichend gelesen, und das Lesen bietet ohnehin nur allgemeine Hinweise. Jedenfalls werde ich nie wissen, ob die Eindrücke, die ich von meinem Vater gewonnen habe, irgendeine Grundlage haben.

Über seine Geschichte weiß ich so gut wie nichts. Doch auch wenn ich über mehr Einzelheiten, Nachrichten, Berichte verfügte, wie sollte ich ihn mir während der Zeit der Verfolgung und in der Zeit des Friedens, die ihr vorausging, vorstellen? Ich weiß nicht, wer er war, weder in welchem Ausmaß der Mensch, den ich kennengelernt habe, das Ergebnis einer Veränderung ist, noch inwieweit diese Veränderung, die ich aus vielen vertrauten Handlungen und Gesten zu erkennen glaube, eine Auswirkung dessen ist, was er erlitten hat.

Das gleiche gilt für meine Mutter, die mir gleichwohl eine gekürzte, möglicherweise lückenhafte, Version ihrer Lebensumstände vermitteln wollte. Es gibt eine Geschichte mit einem Anfang und einem Ende, doch sie erzählt sie, ohne die Mühe auf sich zu nehmen, sie begreifbar zu machen. Sie geht von der Voraussetzung aus, daß ein Verständnis auch ihrer Tochter verwehrt ist.

Es stimmt: Ich habe keinerlei Vorstellung davon, wie und wer meine Mutter zwischen 1939 und 1945 war. Ich kann nicht einmal so tun, als würde ich meine Mutter kennen, wie man es allgemein bei den eigenen Eltern glaubt. Ich bin nur in einem beschränkten Maß in der Lage, die Geschichte meiner Mutter als etwas Wirkliches darzustellen, ihr zumindest wie der einer literarischen Figur zu folgen.

Es geht leichter, wenn auch nur ein wenig, wenn ich versuche, sie mir als kleines Kind und später als Mädchen in Zawiercie vorzustellen. Ich meine, das Recht zu haben, sie in ein paar bekannte, wiedererkennbare Züge zu kleiden. Und doch ist alles so fern, in Zeit und Raum, so ohne jede offensichtliche Verbindung zu mir, die ich nicht einmal über die Sprache verfüge, die sie damals sprach.

Mir wird bewußt, daß es für viele schwierig sein muß, sich die Jugend der eigenen Eltern bildhaft vor Augen zu führen, vor allem, wenn vierzig Jahre dazwischen liegen. Ich vermute, es ist schwer für den, der bereits im Norden Italiens geboren oder wenigstens aufgewachsen ist, sich das Leben eines

Vaters und einer Mutter vorzustellen, die in den fünfziger Jahren aus dem Süden Italiens in den Norden ausgewandert sind. Auch in diesem Fall läßt die Zeit, die schnellen Veränderungen unterlag und sich zu der Andersartigkeit des Orts, an dem man lebt, summiert, die Vergangenheit als etwas Irreales erscheinen. Dennoch glaube ich nicht, daß man den gleichen Bruch, das gleiche unvermeidliche Abgeschnittensein von einem Ausgangs- oder Übergangspunkt empfindet.

In meinem Fall dagegen ist es ein Nullpunkt: Ich könnte auch eine ganze Bibliothek über die Vernichtung lesen, ich kann den Mechanismus des Nationalsozialismus begreifen, ich kann das Problem des Massenwahns herausarbeiten, dieses ganz bestimmten historischen Schreckens, seines nicht zu vergleichenden und nicht mitzuteilenden inneren Wesens, und dennoch würde es mir nicht gelingen, mir meine Mutter und meinen Vater als jeweils eine – sei es auch nur vorläufig – vollständige Person vorzustellen. Andererseits ist es oft so greifbar, daß sie nicht im Frühjahr 1945 geboren oder wiedergeboren wurden. Sie waren schon vorher da, schon vorher waren sie, wenigstens teilweise, die, die ich kennengelernt habe.

Es ist ein Geheimnis, das nur manchmal gelüftet wird, nur wenig Klares dringt durch, wie die Schuld und der Schmerz meiner Mutter, die Schuld und der Schmerz, die in meiner Mutter verblieben sind, weil sie ihre Mutter im Stich gelassen hat, wie alle ihre Kraftbezeugungen, die zu ihren frivolen Seiten im Widerspruch stehen, wie all ihre für sich genommenen und deutlich erkennbaren Ängste, wie ihre Vitalität, die alles und nichts erklärt.

Meine Mutter und mein Vater sind am Leben geblieben, daher wollten sie leben. Daher wollten sie mich, ein Kind. Für dieses Kind ist es nicht leicht, die Verkörperung dieses Das-Leben-geht-weiter zu sein, ist es nicht möglich, es sei denn zu dem Preis, daß dieses Leben nicht seines ist. Und doch überträgt sich auch der Lebenswille, dieser ursprüngliche Wille, der vom Nullpunkt emporwächst. Dieser Wille ist das einzige Gegenmittel, das ich mitbekommen habe, doch wenn ich ihn entdecke, ist er stark.

Mehr als das kann ich nicht wissen, ich muß Vertrauen haben. Zu meiner Mutter, beispielsweise, die ab und zu etwas dahingesagt hat, woraus ich schließe, daß sie niemals das Leben eines anderen Menschen aufs Spiel gesetzt hat, um das eigene zu retten oder zu schützen, daß sie zwar nach der Befreiung die Marmeladen in dem verlassenen Haus gestohlen hat, nie aber das Brot, die Suppe, die tägliche Überlebensration eines anderen, daß sie immer eine war, »mit der man Pferde stehlen kann«, rigoros in der Ethik eines anständigen Mädchens, die zum Lagergesetz wurde, daß sie zu ihrer toten Mutter betete, daß sie sich deren Tod nie verzieh, daß sie sich von dieser Schuld nie frei machte, daß sie kaum andere Schuld auf sich geladen hat, aus Anstand, Zufall oder Glück.

Meine Mutter hat sich durch Zufall und Glück gerettet. Aber ebenso klar ist, daß meine Mutter natürlich viel Glück gehabt hat, allerdings auch die Zähigkeit, die Kraft sich zu retten, die Schnelligkeit, mit der sie heute die Plätze in der ersten Reihe belegt, die Geistesgegenwart, mit der sie heute einem deutschen Polizisten den Strafzettel zurückgibt und dabei eine bewegende Geschichte erfindet, die sie mit dreister, aggressiver Unbefangenheit und unverstellter Freude erzählt. Außerdem hat sie es verstanden, loszuspurten, wenn es loszuspurten galt, sich aus dem Staub zu machen, wenn man sich aus dem Staub machen mußte, sich vor anderen zu schützen, wachsam zu sein, auch argwöhnisch, Dinge zu wittern, die Zähne zusammenzubeißen, in jedem Fall durchzuhalten, gefühllos gegen sich selbst zu werden.

Aus dem wenigen, das sie erahnen läßt, und aus dem wenigen, das ich von ihr zu wissen glaube, leitet sich meine Zuversicht her, daß sie dies alles und vieles andere mehr gewesen ist, was ich, allerdings innerhalb dieses Rahmens, nicht weiß.

Meine Mutter ist weder eine Heilige noch eine Niederträchtige gewesen. Ich weiß, daß dieser Satz eine Behauptung aufstellt, ein moralisches Urteil, das eine ziemlich geringe Erkenntnis beinhaltet, aber er mag genügen.

Er dient weder als Lossprechung, noch rechtfertigt er sie ganz oder teilweise, noch relativiert er oder läßt er unsere Konflikte, meine Vorstellungen von ihr, ihr gesamtes Leben von 1945 bis heute außer acht. Das wäre unzulässig, zumal sie lebt.

Gleichwohl ist diese Behauptung wie eine Waage, auf der alles schwerer und alles leichter wird. Schwerer, weil sie nicht erlaubt, etwas aus ihren Waagschalen wegzuwischen oder wegzunehmen, weder das Vorher noch das Nachher, und leichter, weil sie nach dem Mindestgewicht austariert ist, das ein Mensch haben kann, um wenigstens seiner Möglichkeit nach Mensch zu bleiben, ein Gewicht, unter das meine Mutter – glaube ich – nie gegangen ist. Diese Mindestmutter, diese gute und böse Mutter ist eine Gewißheit.

Ich glaube nicht, daß meine Mutter je den Entschluß gefaßt hat, mir ihre Geschichte anzuvertrauen, nicht einmal in der knappesten Form. Statt dessen hat sie den Entschluß gefaßt, nach Polen zurückzukehren, einmal wenigstens – und ich wollte sie dabei begleiten: ihr Haus wiedersehen, das Haus meines Vaters, die Stadt.

Aber es ist ein Zufall gewesen, daß wir mit dieser Gruppe abgefahren sind, daß der Tag der Abreise der Tag war, an dem ihre Mutter, ihr Vater, ihr Bruder deportiert worden waren. Wäre es nach ihr gegangen, hätte sie dieses Datum vermieden, wie es auch wahrscheinlich ist, daß sie nicht nach Auschwitz zurückgekehrt wäre, noch hätte ich sie gebeten, mich dorthin zu bringen. Im übrigen ist es mir nie in den Sinn gekommen, von mir aus dorthin zu fahren.

Doch selbst wenn wir zu einem anderen Zeitpunkt abgereist wären, hätte sie mir etwas erzählt, vielleicht sogar dieselben Begebenheiten, denn es ist nur natürlich, daß man auf einer Reise, inmitten von Erinnerungen, miteinander redet. Und doch ist die Geschichte, die mit dem plötzlich ausgestoßenen Schrei in einem Hotelzimmer in Warschau beginnt, nicht so wie die anderen, die sie mir hätte vermitteln können: sie wurde vom Programm dieser organisierten Reise geschrieben.

Nach dem Weinkrampf und nachdem sie in die Hotelhalle hinuntergegangen war und ein bißchen herumgeschaut hatte, um zu sehen, ob schon jemand von unserer Gruppe dort war, sind wir zum Abendessen ins Hotelrestaurant gegangen, in einen großen, dunklen Saal, von einem Dunkel, das zu Zeiten des kommunistischen Regimes den wenigen Auserwählten Eleganz und Intimität vermitteln sollte. Meine

Mutter bestellte in ihrer Sprache zwei Bier und mit Sauerkraut und getrockneten Pilzen gefüllte Pierożki, die ich gleich auf der Speisekarte entdeckt hatte. Ich verstand die Sätze der Bestellung, ich kannte dieses Gericht – große, in Butter ausgebackene Ravioli –, und als ich es probierte, fand ich einen fernen, vertrauten Geschmack wieder, weil es uns manchmal von einer polnischen Dame, einer Freundin meiner Mutter, mitgebracht worden war. Diese Ravioli schmeckten allen, welche Füllung sie auch hatten, aber meine Mutter hatte weder die Zeit noch die Geduld, sie zu Hause zu machen.

Vielleicht habe ich mich da erinnert, daß mir als kleines Kind mehr als einmal plötzlich der Verdacht kam, die von meinen Eltern und von ganz wenigen anderen mir bekannten Menschen gesprochene Sprache sei gar nicht eigentlich Polnisch, sondern ein geheimer, persönlicher Dialekt, ähnlich denen, wie kleine Kinder ihn sich erfinden. Dieser Gedankenblitz durchzuckte mich fast immer, wenn meine Mutter am Telefon sprach, und ich hörte, wie sie nichts anderes als immer wieder »tac« sagte und dann »tactactactac«, schnell und leise, und ganz plötzlich kam es mir unwahrscheinlich vor, daß in einer wirklichen Sprache »tac« »ja« bedeuten könne, obwohl sie es mir so erklärt hatte.

Auch wenn später meine Zweifel durch unendlich viele Offensichtlichkeiten zerstreut wurden, bekam die Sprache meiner Mutter, der Geschmack der bei uns zu Hause gegessenen Gerichte durch das Herkunftsland eine Art höhere Wahrheit. Sofern dies als Gedanke angesehen werden kann, muß ich mit Erleichterung oder fast mit unsinnigem Stolz gedacht haben: Das da ist meine Mutter, die mit dem Kellner polnisch spricht und Pierożki ißt.

Am folgenden Tag fing das Gruppenprogramm an: Besuch auf dem jüdischen Friedhof, Halt am Denkmal für die Helden des Warschauer Ghettoaufstands und am Denkmal für Doktor Janusz Korczak, der mit seinen Kindern nach Treblinka fuhr. Ein bißchen folgte man den Erläuterungen des

Reiseführers, ein bißchen schwatzte man miteinander und machte neue Bekanntschaften, während man auf dem breiten, von der Sonne beschienenen Gehweg zwischen den hohen Bäumen und den Gräbern von vor 1939 langsam weiterging.

Begeisterung weckte bei vielen Frauen das Grab der berühmten Schauspielerin Esther Rachel Kaminska. Ein Mann, der sich von der Gruppe löste, suchte das Grab eines seiner Vorfahren. Es gab auch ein drittes Denkmal, groß und neu, das ganz allgemein den ermordeten Kindern gewidmet war. An Raum für weitere Denkmäler fehlt es gewiß nicht, zumal nur noch wenige echte Gräber hinzukommen.

Dann wurden wir im Bus an die Stelle gebracht, wo der »Umschlagplatz« war. Von dort aus fuhren die Züge nach Treblinka ab, dort waren das Ghetto und die berühmte Milastraße gewesen, der Sitz des Aufstandskommandos, und schließlich, gleich außerhalb der Stadtgrenzen, ein niedriger Hügel inmitten von nichts, mit Gras darüber und den Knochen eines Massakers darunter. Wir besuchten auch die Altstadt, die auf der Grundlage von Zeichnungen rekonstruiert worden war, niedrig und bunt, während die Stadt ringsum grau und grün ist, grau die großen Gebäude, grün die vielen Bäume, die sie teilweise verbergen. Das bißchen Farbe und das viele Grau haben mich Warschau sehen lassen, wie es von den Bomben dem Erdboden gleichgemacht worden war, die neunzig Prozent der Stadt, die die neuen rechteckigen Wohnblocks der Milastraße und ähnliche um dem »Umschlagplatz« einschließen, wo jedoch ein riesiger offener Platz gelassen worden ist, bei dem ich mich nur undeutlich an weißen Marmor und sonst nichts erinnere.

Auch ich komme aus einer kriegszerstörten Stadt und habe es nicht gemerkt. Vielleicht, weil München reich ist, voll mit Schaufenstern, Hinweisen, Werbeplakaten, weil nicht wirklich alle historischen Bauwerke ausradiert wurden und weil die wiederaufgebauten für mich immer dieses Gesicht hatten, weil alles jedenfalls so unglaublich in Ordnung gehalten und frisch angestrichen ist, daß selbst die alten Häuser aussehen, als wären sie erst gestern gebaut worden. Es ist eine gefällige und moderne Stadt, eine moderne deutsche Stadt, und vielleicht ist das auch der Grund dafür, daß ich niemals versucht habe, in meinem Kopf die von den Bomben hinterlassenen Leerzonen zu rekonstruieren.

Diese Leerzonen verwandeln sich in Warschau in fast gleiche Häuser, jedes der kommunistischen Gebäude steht für einen Schutthaufen, und die Bäume, die Parks mittendrin oder um sie herum staffieren den unbestimmten, neutralen Raum der Wohnblocks aus. Aber die Stadt ist mir nicht häßlich und trostlos vorgekommen, auch nicht wirklich anonym, weil die vielen Parks großzügig und die Bäume dichtbelaubt und gesund sind, weil auf der breiten Geschäftsstraße Jierosolimskie drei eingezwängt stehende Häuser vom Anfang des Jahrhunderts, die weder schön noch häßlich sind, etwas Unzerstörbares und Wertvolles bekommen, und weil es auch dort inzwischen Geschäfte, Restaurants und Plakate gibt – sogar eine Niederlassung von Ikea –, und es macht nichts, daß sie nicht ganz so wie unsere sind, denn dann sieht man, daß der Kommunismus vorbei ist, nicht aber der Krieg, der Krieg bleibt versteinert in den Wohnhäusern.

In einer von den Deutschen rein zufällig nicht zerstörten Synagoge war eine Gruppe steinalter Männer, mit denen einige von uns ein paar Worte auf jiddisch wechselten; gleich daneben das jüdische Theater, in dem mein Freund Olek gearbeitet hat. Es ist ein freundliches Theater, und es gibt darin auch ein nettes Café.

Doch am Abend hat man uns nicht zu einer Aufführung dort hingebracht. Vielmehr bot das Wahlprogramm ein Konzert mit Klaviermusik von Chopin an, das im Salon einer kleinen, mitten in einem Park gelegenen Sommerresidenz stattfand. Obwohl es eindeutig die klassische Veranstaltung für Touristen war, war meine Mutter glücklich: die vermeintliche

Qualität war ihr einerlei, es war, als sei sie nur aus dem einen Grund nach Polen gekommen, um Chopin in seinem Heimatland zu hören. So hat sie, nachdem sie durch den weiten, wunderschönen Park gegangen war, in diesem kleinen Palais von heiterer, klarer und lichtdurchfluteter Eleganz aus dem achtzehnten Jahrhundert ihr Gleichgesinnte getroffen: Frau Lesia aus Haifa, den Oberst im Ruhestand der israelischen Armee, Adam, Józeks Freund aus Kindertagen, mit seiner israelischen Frau, Natek, der schon mehrmals nach Polen zurückgekommen war und jetzt zu den Organisatoren unserer Reise zählte, und weitere Menschen, mit denen wir bereits ein paar Worte gewechselt hatten oder die wir in den kommenden Tagen noch genauer kennenlernen würden: ungefähr zehn aus einer Gruppe von hundert, die gekommen waren, um Mazurken und Polonaisen zu hören, deren Münder oder Hände oder Füße die bekanntesten Melodien begleiteten, mit einem Glas schlechten Sekts in der Hand, an dem sie während der Pause nippten, mit stürmischem Beifall für die Pianistin, die eine Bluse mit Puffärmeln und einen langen schwarzen Rock trug, für die Pianistin, die spielte, als wollte sie so schnell wie möglich wieder nach Hause. Es war der großzügige Applaus von Menschen, die die Musik belohnen, der sie sich zugehörig fühlen, und mit ihr leise und heimlich das Land, aus der sie stammt.

Die, die dorthin kommen, um Chopin zu hören, die noch Polnisch können und untereinander polnisch sprechen, nicht hebräisch oder jiddisch, die einen nicht anrempeln, nicht herumschreien, nicht zu laut reden, die am Frühstücksbuffet nicht Marmelade, Eier, Bacon, Gebäck und Würstchen auf denselben Teller häufen, bis er von Speisen überquillt, die sie dann doch nicht aufessen, diese Menschen sind die aus guter Familie. Józek und Adam, erklärt meine Mutter, stammen aus guter Familie, sie hatten große Häuser, Hauspersonal und eine gesicherte Zukunft, aus diesem Grund strengten sie sich in der Schule nicht besonders an, aus diesem Grund blieben sie wohl die ganzen Jahre über so eng befreundet. Und aus guter Familie müssen auch Lesia und Oberst Natek und auch die gutaussehende Dame mit den weißen Haaren da hinten stammen, die so manierlich ißt, auch wenn sie gestern nicht im Konzert war.

Aber es gibt nicht mehr viele aus guter Familie. Nicht aus guter Familie sind die Tannenbaums, die immerhin soviel Geld verdient haben, daß sie sich ihr Haus mit Perserteppichen, Chippendalemöbeln, Sheffieldbesteck und Bildern von Chagall vollstopfen, die sie allen zeigen. Als sie noch in ihrem Schtetl wohnten, waren sie Wasserverkäufer.

Und fast alle sind so. Fast alle waren arm und ungebildet, konnten Hebräisch, weil sie die Jeschiwa besuchten, konnten rechnen, weil sie kleine Geschäfte hatten, verstanden zu handeln und auszukommen, sonst nicht viel mehr. Sie mochten durchaus anständige Leute sein, ja, eigentlich waren sie es alle, aber sie stammen keineswegs aus guter Familie, und das sieht man.

Heute können sie in einer pompösen neoklassizistischen oder neobarocken Villa wohnen, selbstverständlich in der besten Wohngegend, und eine Zweitwohnung in Davos oder St. Moritz haben, sie können die Sommerferien an den exklusivsten Orten der Côte d'Azur verbringen, ihren Sohn mit einer Londoner Jüdin aus bester Familie verheiraten und dieses Ereignis mit einer zweisprachig abgefaßten Einladung bekanntgeben, aber dann sprechen sie eben doch schlecht polnisch oder ungarisch oder russisch oder deutsch, dazu sprechen sie viel zu laut und schicken keine Blumen, wenn man sie einlädt, und sie wissen nicht, daß die Schätze ihres Hauses nicht mit so viel Aufdringlichkeit vorgeführt werden sollten, vielleicht gar noch, indem sie erzählen, wieviel sie wert sind.

Es gibt nichts Traurigeres als ihre herausgeputzten, luxusüberhäuften Wohnungen und Villen, alles in einem falschen antiken Stil, als hätte es sie dort schon immer gegeben, dort, inmitten der deutschen Häuser, der alten Patrizierhäuser und vielleicht manchmal inmitten der Patrizierhäuser alter Nazifamilien. Und sie sind allesamt zufrieden, daß sie sich in deren Mitte befinden, überzeugt, daß ihre Pracht, ihr Gefunkel sie als Menschen von Stand und Welt auszeichnen. Dabei sind sie nur Leute aus dem Schtetl: irgendeinem Schtetl, das dann als Ghetto liquidiert wurde. Und sie bilden sich ein, daß man wegen ein paar Mobilien und Immobilien, wegen Gold, Silber und Geld auf der Bank das alles nicht mehr sieht.

Und weil alle aus unterschiedlichen Schtetls kommen, haben sie keine Skrupel, sich eine Vergangenheit, einen Stammbaum zu erfinden. So entdeckt man beispielsweise beim Tod all dieser Menschen, daß sie nichts Geringeres als Nachkommen einer uralten Familie von Rabbinern sind. Niemand glaubt es, man braucht gar nicht zu wissen, daß die einen Wasser trugen und daß die anderen hohen Herrschaften Flickschuster, Lumpensammler, Holzhacker oder gar Schnorrer waren, aber scheinbar macht es ihnen gar nichts aus.

Ihre Freundin Irka, ja, die stammte aus einer guten Familie, ihre Eltern besaßen eine Schokoladenfabrik in Lemberg, und meine Mutter erinnert sich noch an sie, an die Schokolade der Firma »Hassed«, aber sie, die Freundin, die mich Helenka nennt, ist bescheiden, sie geht nicht herum und posaunt es aus, auch wenn der Name »Hassed« allen polnischen Juden etwas sagt und Respekt einflößt. Sie, die Arme, ist jetzt reich, auch wenn sie nach dem Krieg kein Glück gehabt hat: Die erste Ehe schloß sie mit einem kranken Mann und mußte allein ein bekanntes Lokal in Schwabing führen, nicht eins von denen mit mehr oder weniger Rotlicht, die viele betrieben, sondern eins, das trotzdem bis spät geöffnet hatte, man sieht, sie hat geschuftet, auch heute noch gönnt sie sich nichts, sie wohnt zur Miete, sie kauft in Billigläden ein und vergleicht die Preise. Es ist ihre Sache, ob sie ein bißchen geizig ist, doch dann sitzt sie fast immer am Küchentisch, und das wirkt ein wenig traurig bei ihr, einer so feinen Person.

An dieser Stelle muß erklärt werden, daß ein Jude aus Budapest, Wien oder Prag und ganz allgemein ein ungarischer, österreichischer, tschechischer, deutscher Jude – sofern man nicht sicher weiß, daß er aus den Kellerwohnungen der Leopoldstadt oder der Josefsstadt kommt – mehr wert ist als ein polnischer, rumänischer, litauischer oder russischer Jude, sofern dieser nicht ganz offensichtlich aus guter Familie stammt. Meine Mutter, die aus einer guten Familie stammt, hält sich keineswegs für geringer als eine Wiener Jüdin, nur weil diese aus Wien kommt.

Aber dann gibt es noch die althergebrachte Klassifizierung, nach der die Ostjuden im allgemeinen die polnischen Juden für die weniger edle Gattung halten, und die Polen definieren die Rumänen als »Ganef«, Gauner, nennen die Litauer schlitzohrig und behaupten, die ungarischen Jüdinnen seien Frauen mit lockeren Sitten. Selbstverständlich denken die polnischen Juden im stillen, daß sie die besten Juden der Welt seien, und das gleiche behaupten auch die litauischen, russischen, ungarischen, tschechischen, rumänischen oder weißrussischen Juden, auch die aus Galizien und aus der Bukowina und alle anderen.

Wie man sieht, besteht unter den Überlebenden des Ostjudentums wenig Übereinstimmung in der Frage der Geburtsgüte, auch wenn alle sich am Ende über einen Rabbiner-Vorfahren einig werden können.

Am nächsten Tag brachte uns der Autobus nach Krakau. Er fuhr durch eine Ebene mit Feldern und Weiden und wenigen Häusern, wenigen Ortschaften. Auf halber Strecke hielten wir an und verzehrten unser Mittagessen, wie Kinder auf Klassenfahrt, am Rand der Straße – Brötchen mit Käse, ein hartgekochtes Ei, Fruchtsaft, einen Apfel. Hin und wieder fuhr ein Auto vorüber, immer nur ein einzelnes. Die Sonne schien, wir fühlten uns wohl. Die ganze Reisegesellschaft saß kauend im Gras, auch die Siebzigjährigen und Älteren, die den größeren Teil der Gruppe ausmachten. Außer etwa zehn Personen, kamen sie alle aus Israel, wo sie keine Gelegenheit hatten, spartanische Lebensgewohnheiten zu vergessen. Einige hatten einen Sohn oder einen Enkel mitgebracht, viele reisten als Paare, andere alleine, hatten aber unter den Landsleuten Freunde oder Bekannte. Nur ein junger Rechtsanwalt aus Frankfurt war stellvertretend für seinen zu Hause gebliebenen Vater auf dieser Reise.

Die eine oder andere Frau ließ sich beim Aufstehen eine Hand reichen, viele verschwanden minutenlang hinter einem Baum. Man ging von einem Grüppchen zum anderen, man sprach miteinander, man schloß Bekanntschaft. Sie wirkten allesamt zufrieden mit dem Picknick, auch wenn der eine oder andere wegen des mittelmäßigen, wiewohl koscheren Käses meckerte, wo es doch in Polen immer so gute Wurst gegeben habe.

In Krakau besichtigten wir das Schloß und die Kirche auf dem Hügel, die nur deshalb unzerstört geblieben waren, weil sie der Sitz der Statthalterei waren, und die Deutschen auf dem Rückzug keine Zeit mehr für die sonst übliche Zerstörung der Stadt hatten. In der Kirche befinden sich die Gräber der polnischen Könige, und von dem Platz aus hat man eine schöne Aussicht.

Abends wurden wir vom etwas am Stadtrand gelegenen Hotel in ein Lokal gebracht, wo wir bei folkloristischen Tänzen und Gesängen zu Abend aßen. Es gab welche, die mit Blicken und Zeichen und dem einen oder anderen lakonischen Kommentar auf jiddisch zu verstehen gaben, daß man auf die Tänze und Gesänge der Polen liebend gern hätte verzichten können, sie verputzten aber trotzdem die drei Gänge eines Kantinenessens und sahen den Tänzern dennoch zu.

Es wurde auch viel gelacht, vielleicht ein bißchen zuviel, vielleicht bilde ich mir das aber auch nur ein. Gewiß ist, daß Natek und die anderen Organisatoren uns absichtlich das polnische Schauspiel verabreicht hatten. Er war es, der mir das gesagt hat, später, nach dem Abendessen, während wir mit wenigen anderen durch die Straßen der Altstadt schlenderten: Lesia, der Oberst, Józek und das mit ihm befreundete Paar, Natek, meine Mutter und ich. Wir haben uns an die Tische eines Cafés am wunderschönen Hauptplatz gesetzt, Juwel einer Renaissancearchitektur, die zusammen mit einer italienischen Königin nach Polen kam. Diese Königin hatte nicht nur die Architekten, sondern auch die Gemüsepflanzen ihrer Heimat mitgebracht, weshalb viele Gemüsesorten auf polnisch Namen italienischen Ursprungs haben: Die Tomate heißt »Pomidor«, nicht »Tomate«, wie in allen anderen Ländern.

Im Freien war es ein bißchen kühl, doch niemand hatte Lust, ins Lokal zu gehen, außerdem tranken wir nach polnischer Sitte kochendheißen Tee oder Wodka. Natek hatte drei, vielleicht auch vier Gläschen hinuntergekippt, zufrieden, daß seine Frau ihn dabei nicht sah, denn er hat Schwierigkeiten mit dem Herzen und darf weder trinken noch rauchen. Er rauchte trotzdem, war ein bißchen beschickert und erzählte ein paar Witze. Irgendwann gab auch ich ein paar zum besten und strengte mich an, die Witze, die ich auf italienisch gehört hatte, in ein an den Haaren herbeigezogenes Jiddisch zu übersetzen. Ich glaube, es waren uralte Witze, aber ich erntete nur Lächeln und Lob: wie sympathisch die Tochter ist, was für eine »aktorka«.

Jedenfalls war ich zufrieden, daß ich den Clown spielen konnte, ich hatte alles dareingelegt, sie zum Lachen zu bringen, mit der gleichen Absicht wie Natek, den der Wodka gesprächig gemacht und der mir beim Herumschlendern anvertraut hatte: »Man muß sie zerstreuen, sie dazu bringen, an anderes zu denken, Gesprächspausen vermeiden, die Spannung lösen, und sei es auch auf die albernste Art, zumal wir morgen nach Auschwitz fahren. Ich richte es immer so ein, daß am Abend vorher dieses gebenedeite Folklore-Abendessen stattfindet, verstehst du?« Und als er das sagte, hakte er sich bei mir ein.

Natek hatte, wie fast alle, jahrzehntelang keinen Fuß mehr nach Polen setzen wollen, dann wurde er von einer seltsamen Erregung erfaßt, und als er das erste Mal zurückkam, hatte er beim Anblick seiner Stadt und des Hauses, in dem er gewohnt hatte, gedacht: »Wie klein hier alles ist, wie grau, wie elend.« Seitdem ist er fast jedes Jahr wiedergekommen.

Dann dachte er, daß es gut wäre, auch andere hierherzubringen, vielleicht in einer Gruppe, das ist für alle leichter. Auch Lesia war schon einmal mitgekommen, auch nach Krakau. Daher wollte sie uns am nächsten Morgen, nach dem Gruppenbesuch der alten Straßen und Synagogen von Kasimierz, der Stadt vor den Toren, die im Lauf der Jahrhunderte Ghetto und dann Judenviertel war, in der knappen Freizeit für Besuche und Einkäufe im Stadtzentrum in ein Café in der Nähe des Floriansturms bringen, wo sie im Jahr zuvor eine Cremeschnitte gegessen hatte, die so war, wie sie sein sollte. Während wir mit forschem Schritt gingen, um das Lokal zu finden, beschrieb Lesia die Beschaffenheit der Creme, der Glasur, die Frische des Blätterteigs. Es war ein kleines Café, dunkel und gemütlich, mit großen Fensterscheiben und Jugendstilsamt. Dort, auf den Hockern um den Tresen sitzend, teilten wir uns ein Stück »Kremowka«, begleitet von einem türkischen Kaffee, jedoch etwas verlängert und in einem Glas serviert, das identisch mit denen war, die sie dort für den Tee verwenden. Auch bei uns zu Hause nahm man den Tee in diesen Gläsern; der Kaffee hatte dagegen einen neuartigen Geschmack, der mir so gut erschien wie der Kuchen. Danach sind wir beinahe im Laufschritt zum Autobus zurückgekehrt.

An die Fahrt von Krakau nach Oświęcim-Auschwitz erinnere ich mich nicht mehr genau, ich weiß nicht einmal, wie lange sie gedauert hat: Irgend etwas zwischen gut einer halben und einer Stunde, glaube ich. Eine israelische Frau um die vierzig, die ihren Vater begleitete, fragte mich, ob ich meiner Mutter Valium gegeben hätte, und ich sagte nein, sie will es nicht. Auch Natek kündigte vor der Abreise, neben dem Fahrer stehend, über Mikrophon an, daß man kurz vor der Abfahrt nach Auschwitz stehe, daß, wer ein Beruhigungsmittel nehmen wolle, es jetzt tun müsse, wer keines habe, sich eine Tablette geben lassen könne, und wer sich nicht danach fühle mitzukommen, noch Zeit habe auszusteigen. Niemand stand auf, niemand, soweit ich weiß, ist im Hotel geblieben.

Im Autobus herrschte keine absolute Stille, die Stille der Erwartung, der Angst, auch nicht die geschwätzige, verborgen hysterische Lebhaftigkeit vom Abend zuvor, denn einige mochten lieber schweigen oder besser: fast still sein, andere ein paar Worte mit den neben ihnen sitzenden Personen wechseln, um sich abzulenken, um die Zeit herumzubringen. Alles sah also fast normal aus, und vielleicht empfand man die Spannung gerade in der Vorsicht und Gemessenheit, die jeder seinem Verhalten gab.

Aber es ist auch möglich, daß ich die Erinnerung verfälsche, denn die Angst, die ich noch vor der Abreise vor diesem Besuch hatte, die Angst, die mich jeden Tag seitenweise ein

Tagebuch füllen ließ, ein Tagebuch, das ich genau ab diesem Abend nicht mehr weiterschreiben würde, die Angst hatte ihre höchste Intensität erreicht.

Ich habe gelernt, meine Angst zu verbergen, deshalb blickte ich aus dem Fenster, dem Anschein nach in mich versunken, ruhig. Ich hatte eine ausgeglichene Stimme, vielleicht war sie nur ein bißchen sanfter als sonst, wenn ich mit meiner Mutter sprach oder mit jemandem, der auf den Sitzen vor uns saß. Im Kopf wiederholte ich zum soundsovielten Mal die im Tagebuch aufgeschriebenen Gedanken, die Fragen, wie man so ein verdammtes Konzentrationslager besucht, in dem man deine Verwandten umgebracht hat, ein Konzentrationslager, das keines mehr ist, wo es nichts und niemanden mehr gibt, und diese Gedanken schienen absurd, oder wenigstens war es klar, daß sie zu nichts führten, daß sie zu nichts nütze waren.

Ich wollte mich an das erinnern, was ich während der Fahrt sah, um zu verstehen, wo ich war, um zu verstehen, wo sich dieser Ort genau befindet, um mich davon zu überzeugen, daß es ein Ort inmitten anderer Orte in der Welt ist. Ich sah das eine und andere Bauernhaus, die Wiesen, die Felder, die Weiden, die anonyme Stadt Oświęcim und vor allem die Bäume, die Bäume am Rand der Straße oder auch auf größere Grundstücke gepflanzte Bäume, die aber nie den Charakter richtiger Wälder, auch nicht von Wäldchen annahmen. Ich betrachtete die Bäume und hörte auf, immer um die aufgeschriebenen Gedanken zu kreisen, ich klammerte mich an diese Bäume und fragte mich, wie alt sie wohl wären, ob sie schon damals da waren, und vorher schon, die ganze Zeit. Ich empfand einen seltsamen Trost im Gedanken, daß es so sein könnte.

Ich erinnere mich nicht an Nadel-, lediglich an Laubbäume, und ich habe den Eindruck, daß es sich bei ihnen um Birken handelte, heilige Bäume in der slawischen Mythologie – auch diesen Unsinn muß ich gedacht haben –, doch

vielleicht beeindruckte mich die Tatsache, daß das Vernichtungslager »Birkenau« heißt, Wiesengrund mit Birken.
Ich konzentrierte mich auf die Bäume, weil mich die Häuser abstießen, die Menschen auf der Straße, die Hühner in den Höfen. Mir ist klar, daß dieses halb verschwommene, halb halluzinierte Hinsehen viel Literarisches an sich hatte, doch es ist hilfreich, um die Angst hinzuhalten, sie aufzuheben, sie an dem einen oder anderen Punkt festzumachen, daher ist es trotzdem in Ordnung.

Gut, daß du das Buch schreibst, du, die versteht zu schreiben, aber zieh es nicht in die Länge. – Ich ziehe es nicht in die Länge. – Das haben dir doch auch deine Freunde gesagt, oder? – Ja. – Siehst du, deine Mama versteht auch was davon.
Vor allem zieh das mit dieser Auschwitz-Geschichte nicht so in die Länge. – Aber du hast doch auch selbst gesehen, daß es nur wenig ist. Außerdem war das alles, was ich wußte. – Eben, das genügt. Jetzt erzähl ich sie dir, aber die Leute werden es satt haben, diese Geschichten zu hören. Du mußt mehr Lustiges einbauen.

Kaum sind wir durch das Tor, da entrollt ein hünenhafter, stämmiger Mann eine israelische Flagge, so groß wie eine normale Fahne, und hebt sie sich auf die Schulter. Um ihn herum steht eine Gruppe, fast alle sind aus der Generation der Kinder, Israelis. Sie bleiben für ein Gruppenfoto stehen, zwischen ihnen die Flagge, mit dem Rücken stehen sie zum Tor, werden gut eingerahmt von der Schrift *Arbeit macht frei*. Dann gehen sie weiter, die Flagge flattert über der Schulter des Hünen, die Gesichter sind ernst und irgendwie ausdruckslos, die Gesichter von Eroberern.
Ich bemängele, genauer gesagt, ich protestiere, bei meiner Mutter: Ist das zu fassen, sieh doch, wie sie sich hinter ihrer Flagge verschanzen, sie sind einfach nicht in der Lage hierherzukommen, ohne der Welt und sich beweisen zu müssen, daß wir gewonnen haben, nicht alle um die Ecke gebracht

worden sind, jetzt sind wir stark, und ich salbadere weiter in diesem Ton, laß meinen wirren und unnützen Gedanken über den Staat Israel freien Lauf, über die Verdrängung der Katastrophe, über den Mythos von den Opfertieren, braven Kälbern auf dem Weg zur Schlachtbank. Auch sie findet den Gebrauch von Flaggen in Vernichtungslagern fehl am Platz, hört mir zu und macht jaja, bis ich meine Stimme ein bißchen zu sehr erhebe. Sei still, sagt sie, sie könnten dich hören, auch wenn ich bezweifele, daß jemand hinter dieser Fahne die Sprache des Feindes kennt.

Ich laß es bleiben. Der Ort, an dem wir sind, ist ja noch nicht das Vernichtungslager. Ist lediglich Auschwitz, Auschwitz I, eine Kaserne, die Gefangenenlager geworden ist, dann Konzentrationslager, die Gebäude und die hohe Mauer aus Backstein, keine Rampe, kein Gleis, das jäh aufhört. Jetzt ist es ein Museum, jetzt gibt es Toiletten und auch ein Café. Damals sind hier politische Gefangene oder rechtskräftig verurteilte Verbrecher oder Polen und Russen gewesen, nur weil sie Polen und Russen waren, Juden nur auf Grund eines Irrtums, nur so lange, wie es das andere Lager noch nicht gab, und der eine oder andere Jude konnte noch als Kommunist, Umstürzler, Patriot, Verbrecher eingestuft werden. Dann zählte die Tatsache, daß man Kommunist war, nicht mehr. An den Wänden des ersten Gebäudes, in das wir eintreten, hängen Fotos von Häftlingen, mit geschorenem Kopf, ein Brustbild, darunter die Namen und Daten: Geburt, Internierung, Tod. Das letzte Datum steht auf fast allen, doch ich betrachte die Bilder mit flüchtiger Neugier, ohne stehenzubleiben, fast mit Erleichterung und ein wenig Neid: diese datierten Slawengesichter bestätigen mir, daß ich noch weit vom Bestimmungsort entfernt bin.

Im zweiten Gebäude zeigt man uns, wo und wie die Häftlinge schliefen. Mit verzogenem Gesicht kommentiert Józek die Etagenbettstellen, eng, elend, immerhin aber Schlafstellen oder Pritschen. Er sagt: Das hier ist ein Luxushotel. Es wird aber auch das andere Modell gezeigt, das in Auschwitz-Birkenau zur Anwendung kam: ungehobelte Holzbretter, so dicht übereinander, daß man nicht sitzen kann, auf ihnen liegt ein bißchen Stroh. Die Alten gehen um sie herum, Söhne und Enkel neben sich, bleiben stehen, betrachten die Bretter, einige nicken mit dem Kopf, so schliefen wir, siehst du das, wir waren zu siebt, ach was, zu zehnt, stimmt's nicht, Frau Rosa, daß wir zu zehnt darauf lagen. Es wird einem mehrmals erklärt, während sie stehenbleiben, betrachten und kommentieren, sie wirken beinahe erheitert durch die Tatsache, daß sie dort stehen und diese Bretter irgend jemandem erläutern können, unberührt vom Zweifel, daß man sie schon einmal im Kino, im Fernsehen gesehen, sie erforscht und kommentiert haben könnte. Es ist anzunehmen, daß der eine oder andere junge Mensch durchaus weiß, wie viele Juden durchschnittlich eine Etage belegt haben.

Im nächsten Gebäude befinden sich die Berge, genauer gesagt: die Bruchstücke von Bergen, die man in einen Ausstellungsraum bringen kann: Brillen, Schuhe, Koffer, Haare. Einige kleinere Vitrinen, wie man sie in jedem anderen Museum auch finden kann, enthalten Dosen mit Hand- und Gesichtscreme, Schuhcreme, Zahnbürsten. Zahnbürsten habe ich nicht erwartet, ich reagiere kurz mit Bestürzung, die ich in Wut umzusetzen versuche. In meinem Kopf erscheint der Satz »Auch gebrauchte Zahnbürsten mußten sie behalten?« Dann die Frage »Was wollten sie damit eigentlich anfangen?« Vielleicht habe ich da erst begriffen, daß sie uns wirklich alle umbringen wollten.

Unter den Cremes ist auch »Nivea«, genauer gesagt: es gibt viele, mit Schriftzügen in verschiedenen Sprachen, die Dose ist fast immer gleich, fast so wie die heutige. Ich möchte stehenbleiben und jede Dose, die Tuben jeder Art lesen, sie dem Gedächtnis einprägen, wie etwas später die Namen und Anschriften, die mit großen und kleinen Buchstaben auf die Koffer geschrieben stehen, mit Druckbuchstaben oder

Schreibschrift, von Händen, die mehr oder weniger ans Schreiben gewöhnt gewesen sind. Sie sind hinter einer Glasscheibe an der Längsseite eines Raumes aufgehäuft, den man als »Saal« bezeichnen kann, sie füllen ein weiteres Zimmer von ungefähr gleichen Dimensionen aus, es scheinen viele zu sein. Sind es aber nicht, trotzdem kann ich mir mehr nicht vorstellen. Jedenfalls habe ich mir keine Anschrift vollständig gemerkt. Ich erinnere mich an den Koffer einer Berlinerin, deren Name eine ziemlich typische Verkleinerungsform hatte wie »Lotti« oder »Heidi«, heute würde kaum noch jemand seine Tochter so nennen, heute, da germanische Namen nach alter Frau klingen, nach Kellnerin, nach Bäuerin. Unter den Koffern befand sich auch der einer Pragerin, die ebenfalls einen deutschen Namen hatte.

Ich wäre gerne noch geblieben, aber meine Mutter folgt dem Reiseführer, und ich bin dort, um meine Mutter zu begleiten, und nicht um Aufschriften auf Koffern zu lesen. So ist mir nur ein halber Name in Erinnerung geblieben, die Niveacreme, ein Paar in einem Haufen schwarzer hoher Schnürschuhe verloren wirkender Sandalen, ein Zopf, der aus dem Meer von Haaren hervorschaute, alles hinter einer Glaswand verschlossen, die so lang war wie der ganze Saal.

Der Zopf, vielleicht sogar ein bißchen blond inmitten der grau-braunen Masse, macht einen fertig, auch wenn es nur ein kleines Stück hinter einer Glasscheibe ist, du spürst es in der Kehle, vielleicht als einen Teil, der früher gestorben ist und daher jetzt in Sicherheit. Ich erinnere mich nicht, ob es wirklich das ist, was ich empfunden oder gedacht habe, aber irgendwann ist das Wort »Metonymie« vor mir aufgetaucht, und vielleicht genau angesichts der Haare. Denn es ist schwierig, sie, die Metonymie, dort inmitten all dessen zu finden, den Teil für das Ganze, den Gegenstand für den, der ihn besaß, das Tote für die umgebrachten Lebenden.

Doch erst vor den Sandalen finde ich eine einfache, unvermittelte Antwort, »hoffentlich war es Sommer«, und ich sehe wenigstens die Füße dessen, der sie getragen hat, als er vom Waggon heruntersprang, ganz gleich, ob er aus Thessaloniki, aus der Türkei oder sonst einer unendlich fernen Gegend kam.

Na ja, ich hatte Glück, denn ich bin angekommen, da war es noch nicht so kalt, und dann war ich ja auch nur für kurze Zeit dort. – Aber es war doch auch eine schlimme Zeit, oder? – Ja, sicher, die Züge mit den Ungarn gingen direkt durch den Kamin, ich dagegen bin mit einem kleinen Transport angekommen.

Sie haben es genau wie in dem Lied gesagt: »durch den Kamin gehen«.

Im nächsten Gebäude des Museums befindet sich eine Rekonstruktion von Auschwitz-Birkenau, ein Gipsmodell hinter einer Glaswand, eingelassen in eine Art Pilaster mitten im Raum. Daneben, vor dem Fenster, ist ein kleiner Schaukasten mit hellgrauen Körnern, die wie feiner Kies aussehen. Das ist das Zyklon B, und unser Reiseführer erklärt, wie es funktioniert.

Wir haben einen polnischsprachigen Führer, denn fast die gesamte Gruppe spricht oder versteht Polnisch, jedenfalls alle Alten. Dort findet sich auch die Korrespondenz zwischen der Lieferfirma und der Lagerleitung, ich könnte die Briefe lesen, weil ich Deutsch kann, aber es interessiert mich nicht.

Ich betrachte die hellen Körner, die das Gas sind, ich wußte das nicht. Ich habe keine Zeit mehr, sie anzustarren, als meine Mutter, meine Mutter, die neben mir steht, an deren Seite ich geblieben bin, anfängt zu schreien, und wieder schreit sie »meine Mama, meine Mama«, dann schreit sie nur noch Unartikuliertes oder vielmehr nichts, das ich verstehen oder erinnern kann, sondern sie schreit nur, schreit laut und begleitet ihre Schreie mit einer Vor- und Rückwärtsbewegung des Kopfes und des Körpers.

Alle stehen um sie herum, stehen dicht bei ihr, doch ich kann nicht bei ihr bleiben, ihr Schrei ist mir in den Kopf gedrungen, das Bild meiner Großmutter, die erstickend stirbt, vielleicht ist es auch nur das Foto, das mein Großvater zusammen mit anderen noch retten konnte, als man ihn in die Fabrik zurückgerufen hat, und er, ich weiß nicht wie, mußte wohl zu Hause vorbeigegangen sein, das Foto, das jetzt über dem Bett meiner Mutter hängt, vielleicht ist es nur irgendeine Gestalt, die sich mit denen in Dokumentarfilmen gesehenen vermischt hat, oder auch keine von beiden, vielleicht ist es nur das Empfinden in den Beinen und in der Luftröhre, das Empfinden von eingeatmetem Tod.

Jedenfalls löse ich mich von der Gruppe, gehe um den Pilaster mit den eingelassenen kleinen Baracken herum, mit den Verbrennungsöfen, den Gaskammern, um das Modell, das ich nie angeschaut habe, weil auch mich das Klagen überkommt, bei geschlossenem Mund, ein Klagen, das stoßweise hochsteigt, rhythmisch, und der Körper begleitet es, als ob der Kopf gegen Wände schlüge, die es nicht gibt. Es ist nur ein Rundgang durch den Raum, dann komme ich wieder zu Atem, verscheuche die Großmutter und kehre zu meiner Mutter zurück.

Und da sind Menschen, die meine Mutter von diesem Schaukasten wegführen, aus diesem Raum, sie lassen sie auf dem Treppenabsatz niedersitzen, wo eine Bank steht. Vielleicht drängt sie jemand ein bißchen, vielleicht nehme ich ihren Arm, aber sie geht alleine dorthin, und im Gehen schreit sie und weint, ich glaube, in einem etwas tieferen Ton. Auch die Frau mit dem Valium ist dort, die mich verärgert fragt, warum ich es ihr nicht gegeben hätte.

Da nun überkommt mich die Wut, und ich antworte ihr, daß meine Mutter ruhig schreien soll, wenn sie schreien will, daß sie sogar so laut schreien soll, daß auch noch der letzte Besucher sie hören kann, denn sie sei nicht gekommen, um ein Museum zu besuchen. Es ist eine herrliche Wut, ich bin stolz auf meine Mutter, die in meiner Nähe ist, so nahe, daß ich sie, eine Hand nur leicht auf ihre Schulter gelegt, betrachten kann, eine angedeutete Umarmung, und ich warte ab, daß sie sich beruhigt, tief durchatmet, aufsteht und den Rundgang zusammen mit den anderen fortsetzt, nicht, als ob nichts gewesen wäre, sondern als ob es richtig wäre, richtig und natürlich, die Mauern durch Weinen zum Erzittern zu bringen.

Ich bleibe dort, beruhige die besorgten Leute, und am Ende sage ich »Mama, komm, gehen wir«, vielleicht auch

»Maminka« oder »Mamusch«, und sie steht wieder auf, bringt ihr Gesicht ein bißchen in Ordnung und geht zur Treppe.

Kurz darauf sind die Schwestern Zweigl angekommen, die waren hohe Tiere im Lager, zwar keine Kapos oder so was, aber sie zählten etwas, und sie haben mir Kleider und etwas zu essen gebracht, was ich mir gleich habe stehlen lassen. – Und wie kommt es, daß du diese Schwestern Zweigl gekannt hast? – Aus Zawiercie, natürlich. – Aber wie haben sie wissen können, daß du angekommen warst? – Weiß ich nicht, man wußte es, man wußte alles. Dann ist nämlich auch meine Freundin Nadia gekommen. – Wohin gekommen? – Zu mir, in den Quarantäneblock. – Wie? Sie kam und ging einfach so? – Sie wird sich nach der Arbeit freigemacht haben, bevor sie in ihre Baracke zurückging, denke ich. – Aha.

Dann ist nichts dergleichen mehr passiert, auch nicht, als wir in einem anderen Gebäude die Trümmer einer Gaskammer betreten, die da drinnen wieder aufgebaut worden ist. Ich habe wegen der Erklärungen auf polnisch nicht richtig verstanden, warum sie jetzt da stand, und wie sonst auch frage ich nicht danach. Ich habe gesehen, daß es ein Ort war, an dem man Lichter aufstellte, wie auf einem Friedhof, und auch wir zünden eins an. Auch dort, wo die Erschießungsmauer war, befinden sich Lichter, Blumen und Steine, die man üblicherweise auf jüdische Gräber legt, und ich lege einen Stein oben auf die Mauer.

Als wir die Ruine durch eine Art Tür betreten, wird mir etwas mulmig oder bang, aber es muß ein bißchen aufgesetzt gewesen sein, ein bißchen zu sehr vorhersehbar. Ich bin jetzt ganz ruhig, auch meine Mutter scheint es zu sein, ich bin frei von Spannungen oder Gedanken, von Dingen, die ich meine, tun zu müssen. Ich entzünde Lichter, lege Steine nieder, ich, die seit Wochen wiederholt hat, daß ein Vernichtungslager kein Friedhof sei, sondern die Negierung sämtlicher Friedhöfe, man dürfe nicht so tun, als wäre es einer, aber vielleicht muß man es sich in diesem Sinne aneignen, weil die Tatsache, daß man uns die Friedhöfe verweigert hat, uns vielleicht dazu ermächtigt, sie uns an eben dem Ort der Vernichtung zu erfinden, wo denn sonst. Jetzt dagegen ist alles einfach: Die anderen entzünden Lichter, man braucht nur das zu tun, was sie tun, zu begreifen, daß nur zählt, dort zu sein, gemeinsam mit den anderen.

Draußen, auf der Straße zwischen den zunächst mit Häftlingen besetzten Gebäuden, gingen wir in kleinen Gruppen hinter dem Reiseführer her. Ein paar Regentropfen fielen, dann hörte es auf. Viele dieser roten Backsteinbauten sind den einzelnen Herkunftsländern der Häftlinge gewidmet, Polen, Tschechoslowakei, Frankreich, Holland, Italien, Griechenland, Belgien, Ungarn und dem Rest des besetzten Europas.

Zu den vertretenen Ländern, hatte mir Olek erzählt, gehörte bis vor nicht langer Zeit auch die DDR, das gute Deutschland, wie er kommentierte. Aber es hatte nicht ein einziges Gebäude gegeben, das die Geschichte der Juden dokumentierte, die Juden waren lediglich Bürger der von den Nationalsozialisten eroberten Nationen. Jetzt gibt es ein solches Gebäude, vielleicht ist die Ausstellung gerade da untergebracht, wo vorher die deutschen Opfer gezeigt wurden. Diese Ausstellung ist die einzige, die wir besucht haben, man merkte, daß sie erst kürzlich eingerichtet worden war, sorgfältiger als das übrige Museum: gut aufgehängte Fotovergrößerungen, versenkte Lichtstrahler, die ein diffuses Licht, wie bei Kunstausstellungen verbreiten, und im Mittelpunkt eines fast kahlen und noch dunkleren Raumes im Fußboden ein quadratisches Loch, mit einer Glasplatte abgedeckt, auf die man Lichter stellt.

Aus unsichtbaren Lautsprechern tönte ununterbrochen auf hebräisch das Gebet für die Toten der Konzentrationslager, »El Male Rahamim«, der Herr des Erbarmens, das Gebet, das am Jom Kippur psalmodiert wird und das mir nicht aus der Synagoge vertraut war, sondern aus einem Theaterstück, an dem ich mitgearbeitet hatte. In diesem Stück ist das Gebet sehr gut vorgetragen worden, besser als in der in Auschwitz verbreiteten Version. Es ist ein herzzerreißender Gesang, in dem man die Namen Auschwitz, Maidanek und Treblinka deutlich versteht und auch das Wort Europa, der Herr wird gebeten, die heiligen Märtyrer unter seinen großen Flügeln aufzunehmen.

Natek teilte uns mit, daß wir bleiben könnten, solange wir wollten, unsere Gebete sprechen oder in Stille verharren, daß wir die gemeinsame Gedächtnisfeier in Birkenau abhalten würden. Dann, als nur noch wenige Leute im Raum waren, begann er zu weinen wie ein Kind, mit seiner kleinen, hageren Gestalt, seinem Mardergesicht, seinen dunklen Äuglein. Er weinte und zitterte in den Schultern, zwischen stillem oder nahezu stillem Schluchzen und strömenden Tränen.

Auch andere mußten weinen, der eine oder andere ging deshalb fast auf der Stelle hinaus, andere rieben sich die Augen oder zogen die Nase hoch. Das war der richtige Ort, unser Ort, mit der Platte, die das Klagegebet wiederholte, mit der Spiegelung der Lichter im Glas, die so bis in den kleinen leeren Graben zu dringen schien.

Wir haben nicht geweint, weder ich noch meine Mutter, vielleicht nur ein paar Tränen wegen der allgemeinen Rührung. Außerhalb des Tores suchten wir die Toiletten auf und nahmen gerne ein Stück Schokolade an oder ein paar Kekse, die in dem Café gekauft worden waren. Man muß etwas essen, sagte der, der sie uns anbot, und das schien mir eine großartige Idee zu sein.

Kurz und gut, meine Freundin hat mir gesagt, daß man einen Weg finden müsse, um mich da schnellstens herauszuholen, aus der Quarantänestation, weil jeden Tag Selektionen stattfanden. Daher hat sie Dr. von Martini, dem Eigentümer der Kristallfabrik, der dort wer weiß wie lange schon als politischer Gefangener war, mitgeteilt, daß auch ich angekommen sei und man mich in Quarantäne gesteckt habe. – Und wo war Dr. von Martini? – In Auschwitz. – Auschwitz eins oder Auschwitz zwei? – Auschwitz. – Eins? – Ich glaube ja. – Und ihr habt von Birkenau aus mit denen in Auschwitz Kontakt gehabt? – Durch die, die draußen arbeiteten, vermute ich. Jedenfalls, Dr. von Martini hatte einen Freund, der mit ihm dort war... – In Auschwitz? – Ja – ... der hatte eine Frau, die den Krankenbau leitete und mich hineinlassen konnte – In Birkenau? – Selbstverständlich, und so bin ich in den Krankenbau gekommen, aber auch da war es nicht gut, auch dahin kamen sie, um zu selektieren, so haben sie am Ende einen Weg gefunden, daß ich zum »Kanadakommando« geschickt wurde, wo Nadia bereits arbeitete. – Das »Kanadakommando« war aber ganz in Ordnung, oder? – O ja, wir haben Kleider geklaut.

Um von Auschwitz I im Autobus nach Auschwitz II zu kommen, braucht man eine Viertelstunde, vielleicht auch ein bißchen mehr. Aber schon ein ganzes Stück, bevor man den Eingang erreicht, fährt man an Stacheldraht vorbei, der damals unter Hochspannung stand, jetzt aber nur noch ein Zaun ist. Der Autobus ist in der Mitte des Lagers stehengeblieben, neben den Schienen, kurz vor ihrem Ende.

Da ist: die Einzäunung, das Tor, das Gleis. Das Gleis in der Mitte, das von vorne betrachtet so ungeheuer breit wirkt, die Baracken auf der Seite dagegen klein, verstreut. Das einzige, was an seinem Platz ist, oder an dem Platz, den ich dafür hielt, sind die Gleise, ihre aufdringliche Symmetrie, ihr jähes Ende. Beim Blick zurück, von der Lagermitte zum geöffneten Tor, erkenne ich Auschwitz, am übrigen nicht.

Wir gehen zur nächstgelegenen Baracke, wir treten ein, sehen die im Museum ausgestellten Holzbretter, kommen nach kurzer Zeit wieder heraus, bleiben eine Weile vor der Baracke stehen, dann kehren wir wieder zum Autobus und zu dem Gleis zurück. Meine Mutter hat keine Lust herumzugehen, und mir ist es recht, mit ihr dort zu bleiben. Ich weiß nicht, warum ich alle diese schmächtigen Holzbauten besuchen soll, nur ein verschwindend geringer Teil von all denen, die es damals hier gab und durch deren Fenster die Sonne hereinfällt. Es ist September, Gras wächst überall im Lager, ziemlich hohes Gras, wie eine Wiese. Nach dem kurzen Regenschauer ist der Himmel wieder klar mit wenigen Wolken, ein höherer und blauerer Himmel als bei uns. So ist der Himmel immer in Polen.

Wir sind nahezu die einzigen Besucher in Birkenau, jedenfalls die einzige Gruppe, der einzige Autobus. Das Gelände ist riesig, man verliert sich leicht darin. Ich habe mir Auschwitz nicht so groß vorgestellt, so groß, daß möglicherweise eine Stadt darin Platz finden könnte, vielleicht ist das so, weil Filmaufnahmen keine Vorstellung von der Ausdehnung vermitteln. Jedenfalls werde ich das Lager nicht von einem Ende zum anderen zu Fuß durchmessen, ich bin nicht hier, um mich als Landvermesser zu betätigen. Viele aus unserer Gruppe stehen beim Autobus und reden miteinander, andere gehen ein bißchen herum, bleiben aber immer als Gruppe zusammen.

Es ist dieses Gras, dieser Himmel, die mich nicht einmal den Versuch machen lassen, mich auch nur einige Minuten von meiner Mutter zu entfernen, denn es konnte kein Gras da sein, in Auschwitz gab es Schnee, gab es Eis. Dann räume ich ein, daß möglicherweise kein Schnee da war, in dem Fall aber zumindest Schlamm oder nackte Erde, Erde, die von Lumpen umwickelten Füßen gestampft wurde, Millionen Füßen, Erde, auf der nichts wuchs.

Vielleicht war es nicht so, vielleicht blieben im September in einigen Ecken grüne Flecken übrig, doch jetzt ist alles von diesem sprichwörtlichen Gras überwachsen, das nur dort nicht über die Toten wachsen kann. Dann erinnere ich mich an die Gräben, aber es gelingt mir nicht, mich von dem Gefühl freizumachen, auf einem Gelände zu gehen, auf dem oben Gras wächst, und darunter ist nichts. Auch diesen

Himmel kann es so nicht gegeben haben, so hoch, so klar, anstelle der schwarzen Dunstglocke. Wir sind im Freien, denke ich, ein Ort mit Gras und Himmel ist ein Ort im Freien.

Daran denke ich, während wir warten, um uns alle wieder zu versammeln und zu einer Stelle zu gehen, die den jüdischen Opfern gewidmet ist, und unserer Toten zu gedenken. Ungefähr als letzte kommt Hella Buchweiss, sie nähert sich mit großen, entschlossenen Schritten und ruft, noch bevor sie uns erreicht hat, meine Baracke, ich habe meine Baracke wiedergefunden.

Auf der Stelle bildet sich um diese imposante Frau eine Gruppe, ach ja, wirklich Frau Buchweiss, wo ist sie, können Sie sie uns zeigen, und während sie ihren Arm zu einer der Baracken ausstreckt und weiter erklärt, weshalb sie absolut sicher sei, daß es genau diese da gewesen sein mußte, geht jemand zu denen hinüber, die sich abseits halten, und sagt, Frau Buchweiss habe ihre Baracke wiedererkannt, und alle fassen Mut, sie wirken beinahe zufrieden und behandeln Hella Buchweiss mit Hochachtung. Als habe sie beim Versteckspiel den Anschlag berührt und gerufen »Frei«.

Nach dem Gedenken, bei dem noch einmal die Fahne ausgewickelt und »El Male Rahamim« gebetet wurde, gingen wir zu den Überresten der Krematorien. Es sind zwei von vier, sie wurden durch die Sprengungen, mit denen die Deutschen sie in die Luft gejagt hatten, nicht vollständig zerstört. Man erkennt keinerlei Form, auch wenn ich nicht weiß, was für eine Form ich einem Krematorium geben sollte.

Trümmerbrocken, Bruchstücke geschwärzter Ziegelsteine, wurden genommen und in ein paar Löchern niedergelegt wie auf Gräbern, in etwas geschützten Nischen Lichter aufgestellt. Meine Mutter entzündet eines, dann gibt sie es mir zum Aufstellen in die Hand. Nachdem ich den geeigneten Platz gefunden hatte, fiel mir ein, auch das Gebet für die Verstorbenen zu sprechen, wie es viele taten.

Am Jom Kippur spreche ich es immer für meinen Vater, ich lese es von einem kleinen Blatt ab, das von der Synagoge angeboten wird, und füge nur seinen Namen ein. Es ist ein kurzes Gebet, leicht zu behalten, auch wenn ich es auf italienisch oder deutsch sage, weil ich kein Hebräisch kann: Man muß dem Herrn nur den Namen nennen und dann bitten, daß Er ihn in die Schar der Vorfahren von Abraham bis Jakob, von Sarah bis Lea und aller anderen Gerechten aufnehmen möge.

Ich beginne mit Großmutter Helena, Großvater Chaim, dann Onkel Jerzy, Großmutter Miriam, Großvater Joachim, Tante Regina, Onkel Hershel, Onkel Leo, Onkel Jossele, und es macht mir nichts aus, daß ich diese Namen teilweise auf polnisch, teilweise auf jiddisch, teilweise sogar auf deutsch kenne, doch dann wird mir bewußt, daß einige doppelt sind und andere fehlen, daß mir die Namen der Geschwister meines Vaters fehlen, an mindestens zwei erinnere ich mich nicht oder ich habe sie nie gekannt. Da breche ich in Tränen der Verzweiflung aus, was nichts besonders Dramatisches oder Wildes ist und auch nicht lange dauert, nur hat man nicht die Kraft, sie zurückzuhalten, denn jede Kraft versagt ganz einfach.

Meine Mutter kommt, berührt mich und fragt, was geschehen sei, und ich antworte schluchzend: Die Namen, ich kenne nicht einmal die Namen von Vaters Geschwistern, ich kann nicht zu Ende beten. Kurz darauf kommt auch Hella Buchweiss, sie möchte wissen, warum ich geweint habe, und als meine Mutter ihr den Grund erklärt, stellt sie sich vor mich, nimmt mich in die Arme und küßt mich, dann sagt sie zu meiner Mutter »you have a wonderful daughter«, denn sie erinnert sich nicht daran, daß ich englisch spreche, meine Mutter polnisch, und meine Mutter nickt schwer, und beide bekommen etwas Heiteres, beinahe Strahlendes, und auch ich bin erleichtert.

Nach unserer Abreise mußte der Autobus auf der Straße nach Katowice, die von kohlenstaubgeschwärzten Gebäuden gesäumt ist – Gebäude von einem Schwarz, das es in Auschwitz nicht mehr gibt –, gleich in Oświęcim anhalten, weil ein Mitreisender ins Krankenhaus gebracht werden mußte. Ach nein, da war nichts weiter, hat man uns am gleichen Abend noch versichert, nur die Aufregung.

Wir haben Kleidungsstücke geklaut, für uns selbst oder um uns was zu essen zu organisieren, ein paar Zigaretten, aber eines Tages ruft man uns plötzlich zum Appell. Du mußtest dich schnell ausziehen und das Zeug wegwerfen, das du unter der Häftlingskleidung anhattest, es verschwinden lassen. Ich weiß nicht, wie ich dazu kam, aber ich hatte eine Unterhose vergessen, die ich noch am Leib trug, ich muß den Kopf verloren haben: Die Aufseherin rief mich zu sich und schrieb meine Nummer auf. Ende. Auf Wiedersehen und ab durch den Kamin.

Wir sind für die Nacht in unsere Baracke zurückgekommen, und all diese Weiber fingen an »ojoj« zu machen und »ojwej«, du weißt schon, und sie haben noch eine ganze Weile weitergemacht mit ihrem »ojojojojoj«, mit einem Wort, sie haben mich schon verloren gegeben, wir waren bereits beim Wehklagen. Da gab es eine über mir, die jeden Abend vor dem Einschlafen auf jiddisch sagte »ach, wenn ich mir doch eines Tages eine Scheibe Brot von einem ganzen Laib Brot abschneiden könnte«, sie sagte es wie ein Gebet.

Am nächsten Tag haben sie uns alle völlig kahlgeschoren, kollektive Strafe, verstehst du, aber sie haben mich nicht herausgeholt. Wir waren verzweifelt. – Verzweifelt? – Völlig kahl. – Aber sie hätten dich beinahe umgebracht. – Schon, aber nicht einmal ein einziges Haar auf dem Kopf, was für ein Graus.

Ab dem folgenden Tag verwandelte sich die Reisegruppe in eine Delegation, Delegation der Überlebenden von Zagłembie-Dombrowskie, das ist der Name des im Nordosten an Schlesien grenzenden Gebiets, ein Kohlegebiet mit Schwerindustrie, einstmals reich, heute unterentwickelt. Wir schliefen in Katowice, weil es dort ein bequemes und ausreichend großes Hotel gab, das uns alle aufnehmen konnte, im deutschen Kattowitz, wo die Patrizierhäuser im Stadtzentrum, die zusammen mit den Fabriken und Bergwerken entstanden waren, bis auf die Mauersteine abgeplatzte Fassaden haben und kaputte Fenster.

Meine Mutter suchte das Lokal, wo sie zum ersten Mal ein hochfeines Getränk bestellt hatte, das die Erwachsenen tranken: Kaffee. Es war nicht mehr da, aber wie es scheint, ist es erst vor wenigen Jahren geschlossen worden: Es hat zwar den Krieg und den Kommunismus überdauert, nicht aber das Ende des Kommunismus und die Krise der örtlichen Industrie, die nun nicht mehr subventioniert wird. So haben wir es uns auf den abgeschabten Samtstühlen des einzigen Cafés bequem machen müssen, das geöffnet hatte, jedoch nur wenig besucht war, immerhin aber für den im Glas aufgebrühten Kaffee die Marke Lavazza verwandte.

Józek und seinen israelischen Freunden erzählte meine Mutter von ihrem berühmten Debüt im damaligen Lokal, an der Seite eines Cousins aus Bendzin, der sogar ein Auto besaß. Mit dem hatte er sie abgeholt und zum Café chauffiert: Da hatte sie beobachtet, daß alle eine »halbe Schwarze« bestellten, und daher tat auch sie es, nur fragte sie düpiert den Ober, als er mit den Bestellungen kam, »Verzeihung, aber die Milch, bringen Sie die mir nicht?«

Sie lachte, meine Mutter, als sie ihren ersten vernichtenden Fauxpas kommentierte. Es war das erste Mal, daß ihr Cousin sie in die Großstadt brachte, sie mußte doch zeigen, daß sie kein ahnungsloses Ding war, sie, die aus Zawiercie kam. Mehr als einmal erklärte sie, daß sie laut und deutlich ihr »Verzeihung, wo ist die Milch« gesagt habe, im Brustton der Überzeugung, ganz in der Rolle des jungen Fräuleins. Diese Geschichte hatte ich schon verschiedene Male gehört und mir einen weiträumigen Saal mit großen Spiegeln und Lüstern vorgestellt, einen Saal wie in den Cafés bei uns zu Hause oder in Wien, aber all das wurde einigermaßen unwahrscheinlich, als wir hinter den Gardinen aus synthetischer Spitze saßen, die an den kleinen, von außen sogar verdunkelt wirkenden Fenstern angebracht waren.

Von Katowice kommt man in weniger als einer halben Stunde in das Gebiet von Zagłembie-Dombrowskie, und es gibt keinen Kontrast, keinen sichtbaren Wechsel in der Landschaft, geprägt von großen Röhren, die die Kohle transportieren oder transportiert haben, mit erst vor kurzem gebauten und schon heruntergekommenen Wohnblocks, mit aufgelassenen Fabriken und Lagerhallen. Die Städte gehen ineinander über, alle sind sich ähnlich, städtische und industrielle Siedlungen und dazwischen überall verstreut Zweizimmer-Riesencontainer, die die verbreitetste Art der Unterkunft sind. Die Städte im Gebiet von Zagłembie – Sosnowiec, Bendzin, Dombrowa – sind lediglich ein bißchen kleiner und trostloser als das schlesische Katowice, gleich sind die Riesenwohnblocks und die alten niedrigen Häuser, aus Ziegelstein, schwarz und fettig von Kohle und Rauch, wie in Manchester. Aber irgendwo verläuft dort die unsichtbare Grenze zwischen dem polnischen Polen und dem deutschen Schlesien, und allein deshalb, weil es sich davon unterscheidet, ist Zagłembie etwas anderes.

Die Tage waren Stadtbesuchen gewidmet, den offiziellen Feierlichkeiten, den Reden von einem der Organisatoren und den örtlichen Honoratioren, den Gebeten an den Gedenksteinen, an den der Stadt gestifteten Denkmälern, mit Inschriften auf hebräisch und polnisch, dort aufgestellt, um an die Deportierten und die Toten zu erinnern oder an den Ort einer summarischen Hinrichtung oder eines Ghettos oder eines sogenannten »Durchgangs-« oder »Sammellagers«, aber auch an eine Schule, die früher jüdisch war, an eine Synagoge, die nicht mehr existiert oder nicht mehr als solche genutzt wird. Dann hatte jeder Zeit, auf eigene Faust durch die Straßen der Stadt zu gehen, die einmal seine oder ihre gewesen war, sein Haus wiederzufinden, die Häuser der Verwandten und Freunde, die Schule, den Bahnhof, den Hauptplatz.

Kurze Zeit später haben sie uns auf den Transport nach Weißwasser geschickt. Da kamen sie dann und sagten uns, wir sollten unsere Hände vorzeigen. – Die Hände? – Sie wollten feststellen, wer geschickte Hände hatte. Nur ich wurde genommen und meine Freundin Nadia. Wir mußten Elektroteile oder so was zusammenbauen. Wir hatten uns Kopftücher besorgt und banden sie uns um den kahlen Schädel wie Turbane. Diese Tatsache, daß wir beide mit einem Turban herumliefen, amüsierte einen der Fabrikaufseher, der uns dann immer »der Kaiser und der König« nannte. Hui, sagte er, da kommen der Kaiser und der König. – Und wer von den beiden warst du? – Das weiß man nicht. Jedenfalls war es nett, oder? »Kaiser und König«.

Wir hatten uns im Kreis auf dem Gemeinschaftsplatz eines Wohnblocks aufgestellt, unsere Leute auf der einen Seite, die Polen auf der anderen, vielleicht in Sosnowiec, um einen Gedenkstein einzuweihen, wo wohl ein Sammellager oder ein Gefängnis oder etwas Ähnliches gewesen sein muß. Nicht viele waren gekommen, etwa zehn mehr, als wir es waren, aber es gab Leute, die vom Balkon oder von den Fenstern her zuschauten, oder Passanten, die einen Augenblick stehenblieben.

Die polnische Delegation mit dem Bürgermeister und ein paar Stadtverordneten an der Spitze hatte einige kleine blonde Mädchen in Trachten mitgebracht, die zu unserer Ehre sangen und tanzten. Vielleicht bestand ein Großteil des Publikums aus Verwandten und Freunden, denn als dann die Darbietung stattfand, konnte man ihre Freude sehen. Mir taten diese Mädchen leid, die wohl nichts verstanden und wer weiß wie lange zuvor aufgeregt gewesen sein mußten, und auch unsere Gruppe, die wieder eine Kostprobe von Folklore über sich ergehen lassen mußte, verstohlen beobachtet hinter den Gardinen der polnischen Wohnungen oder vom anderen Teil des Kreises, mit der argwöhnischen Höflichkeit, die man seltsamen Tieren entgegenbringt, die einmal für gefährlich gehalten wurden und das nun nicht mehr sind, weil halb ausgerottet.

Nach Beendigung der Feierlichkeiten lösten sich die Reihen auf, niemand versuchte, zwei Worte miteinander zu wechseln, niemand überschritt die eigene Kreishälfte.

Als ich mir sagte »die Polen sind Antisemiten«, eine Formel, die ich tausendmal gehört aber nie verwendet habe, muß ich meine Mutter, die das Problem immer heruntergespielt hatte, wohl ein bißchen schief angesehen haben. Ich bin mir auch bewußt geworden, daß ich eine so von schierer Angst durchzogene Luft angesichts fremder Leute in Deutschland nie wahrgenommen hatte, wie ich mich auch noch niemals derart unwohl gefühlt hatte, wobei auch der alberne Umstand eine Rolle spielte, daß wir wie Gespenster auf diesem heute für Autos oder Fahrräder oder Wäscheständer reservierten Grundstück herumstanden. Daher flüstere ich meiner Mutter zu, daß sie uns mit der gleichen Aufmerksamkeit behandelten, die sie dem Teufel zukommen lassen würden, sollte er hier auftauchen.

Ebenfalls in Sosnowiec, auf einem anderen weiten Platz zwischen neuen Wohnblocks, genauer gesagt: auf einer großen zu den Wohnblocks gehörenden Wiese, wo die Bewohner ihre Kinder und Hunde hinführen, ein weiterer Gedenkstein, ein weiteres Lager, größer und wichtiger, kein Sammellager, ein Durchgangslager, wo mein Großvater eine gewisse Weile gewesen war, bevor man ihn nach Auschwitz zurückschickte. Das vertraut mir meine Mutter an, und während ich versuche, Raum für diese Nachricht zu schaffen, beobachte ich die Hunde, ich behalte einen im Auge, der ein bißchen so aussieht wie der, den ich hatte, und warte darauf, daß die Reden zu Ende gehen, von denen ich glücklicherweise wenig verstehe.

Meine Mutter steht irgendwann neben einer kleinen, stämmigen Frau und weint, das merke ich nicht gleich, aber sie ruft mich und stellt mich dieser Frau vor, die erst jetzt dazugekommen ist: Eine von den wenigen Juden, die in Polen geblieben sind. Ich weiß nicht einmal mehr, wie sie heißt, vielleicht Rosa oder Fela, aber es ist ein Name, den ich noch nie vorher gehört habe.

Jedenfalls drängt meine Mutter mich, sie zu küssen und zu umarmen, wie sie sie geküßt und umarmt hat. Sie sagt, daß sie, als sie aus dem Konzentrationslager zurückgekommen sei und es in Zawiercie niemanden mehr gegeben und sie nicht gewußt habe, wohin sie sollte, schließlich in Sosnowiec angekommen sei, und dort habe sie Rosas oder Felas Eltern gefunden, beide noch am Leben. Und die hatten sie bei sich zu Hause aufgenommen, wo sie ein paar Monate geblieben war, bis eines Tages wie durch ein Wunder mein Vater wieder auftauchte. Jetzt schaut sie diese Frau an, wie von weitem, und sagt wieder: Ihre Eltern haben mich bei sich zu Hause aufgenommen, es war mein erstes Zuhause nach dem Krieg, und schaut sie weiter an, als wäre sie das Denkmal.

Am nächsten Tag fahren wir nach Bendzin. Der Besuch beginnt beim ehemaligen jüdischen und heutigen staatlichen Gymnasium. Es ist die Schule, auf die Józek und sein Freund gegangen sind, aber sie sagen, sie würden sich auch an meinen Vater erinnern, der nur kurze Zeit da war, vielleicht verwiesen wegen seiner Fußballeidenschaft und anderer Aktivitäten, denen er während der Unterrichtsstunden nachging, doch diese vielleicht der Wahrheit entsprechende hämische Erläuterung ersparen sie mir aus Feingefühl. Jedenfalls interessiert es mich nicht, es interessiert mich nicht, wie lange er auf diese Schule ging, noch warum dann nicht mehr. Es ist ja schon eine Offenbarung zu wissen, daß er sie besucht, daß ich da hingehen, sogar eintreten und durch dieselben Klassenzimmer, über dieselben Treppen und Flure gehen kann.

Wir werden von Kindern und Lehrern willkommen geheißen, die Schule ist in gutem Zustand und hat den charakteristischen Geruch von Schulen, die vor längerer Zeit erbaut worden sind, den Geruch von Linoleum auf dem Boden und klammem Mauerwerk. Sie erinnert an mein Gymnasium in München, wo die Fußböden auf die gleiche Weise knarrten.

An dem Gespräch nimmt die gesamte Klasse teil, die sich auf das Abitur vorbereitet. Die Jugendlichen wirken neugierig, und man bemerkt weniger Verlegenheit oder Angst, vielleicht weil sie sich im Schutz der Schule wissen, die sie, was nur natürlich ist, für die ihre halten. Sie bieten uns sogar Tee und Kaffee mit Häppchen und Gebäck an, die ihre Mütter zubereitet haben. Einige schmecken ausgezeichnet und lassen einen auch denken »zum Glück ist das Gymnasium ein Gymnasium geblieben, voller Jugendlicher, die sich genauso geben wie Schüler an jedem anderen Ort«.

Es sah so aus, als ob wir weiterreisen würden, als Józek uns entgegenkommt und flüstert »der Kardinal ist angekommen«. Es herrscht eine gewisse Aufregung wegen des Besuchs des Kardinals, für eine Weile versteht man weder, wo er ist, noch warum er gekommen ist. Dann machen die ersten Erklärungen die Runde: Nicht nur der Kardinal ist da, sondern auch sein Cousin. Der ehemalige Schüler ist aber nicht der Kardinal, sondern der Cousin, der in Frankfurt lebt und ein korrektes, reiches Polnisch spricht, der Kardinal dagegen kein einziges Wort, nur jiddisch.

Der Kardinal ist der Kardinal Jean-Marie Lustiger, Erzbischof von Paris, der aus einer jüdischen Familie aus Bendzin stammt. Er wurde von einem Priester gerettet und dann in einem Kloster versteckt und ist deshalb katholisch geworden, dann ein Mann der Kirche und schließlich Kardinal. Der Cousin dagegen, der ihn begleitet, ein Überlebender von Auschwitz, ist Jude geblieben.

Józek ist sichtbar geschmeichelt, nach so vielen Jahren in sein Gymnasium zurückzukehren, in Gesellschaft des einzigen jüdischen Kardinals der Welt, der zudem aus derselben Stadt stammt, und Józek bahnt sich einen Weg durch den überfüllten Raum, wo wir endlich den berühmten Gast erreichen, um ihm die Hand zu geben und ein paar den Umständen angemessene Worte auf jiddisch auszutauschen. Andere scheinen ein bißchen ratloser oder verstörter wegen der Anwesenheit dieses hochstehenden Konvertiten zu sein, doch überwiegt der Stolz, eine Art Lokalpatriotismus.

Nachmittags enthüllt man einen Gedenkstein zur Erinnerung an den Brand der Synagoge und an die übrigen Opfer von Bendzin. Es regnet noch, als die Männer sich die Kippah auf den Kopf setzen und die, welche die Andacht leiten, sich den Tallith über die Schulter legen: wieder eine Feierlichkeit für die Toten, auf hebräisch, gebetet und gesungen. Diese orientalischen Gebete machen, im Freien psalmodiert, einen merkwürdigen Eindruck, wieder auf dem Gras einer Wiese, einer Wiese, die den Hang eines Hügels bedeckt, auf dem oben die Kirche und ein altes Schloß stehen, in der Nähe der Hauptzufahrtsstraße.

Viele Menschen sind anwesend, mehr als sonst, weil kurz vorher der Kardinal aus Paris eine Messe vor der Kirche gefeiert hat. Da er nicht Polnisch kann, hat er französisch gesprochen, und so habe auch ich die Worte über das Massaker an den Juden verstanden, Worte, die ein katholischer Jude an die Gläubigen seiner Geburtsstadt richtete.

Ich weiß nicht, was die Zuhörer im Regen gedacht haben oder die, für die die Predigt von einem Dolmetscher übersetzt und von Lautsprechern übertragen wurde, vielleicht sind andere als die polnischen Kardinäle und Erzbischöfe nie nach Bendzin gelangt, nicht einmal zu den feierlichsten Gelegenheiten, aber es scheint sicher, daß keiner der hiesigen Bürger so weit in der Kirchenhierarchie aufgestiegen ist wie dieser Jude, der als Kind nicht einmal Polnisch gelernt hat.

Jedenfalls blieben viele auch für den jüdischen Teil der Zeremonie, und da war eine dicke Frau in Pantoffeln, die, nachdem sie sich ein bißchen umgeschaut hatte, zu einem Paar aus unserer Gruppe ging und sagte »ich erinnere mich, ich erinnere mich daran, wie sie euch weggebracht haben«, dann unterbrach sie sich, sah uns aufmerksam an, als wollte sie sichergehen, daß sie nichts Falsches gesagt hatte, und als sie zur Antwort ein einfaches, höfliches Lächeln und einen Satz wie »ach, gute Frau, was für furchtbare Zeiten« erhalten hatte, fügte sie nur noch »schrecklich, schrecklich« hinzu.

Siehst du, ein Stück wie das über den Kardinal ist lustig. Du müßtest mehr solche Szenen finden. – Wenn sie mir einfallen, füg ich sie ein.

Wie kommt es nur, daß du dich an einige Dinge so gut erinnerst und an andere nicht, zum Beispiel erinnerst du dich an diese polnische Frau, aber nicht daran, daß meine Freundin weder Rosa noch Fela heißt. – Wie heißt sie denn dann? – Kwiecia. – Ach ja! – Erinnerst du dich nicht an sie? – Es war lediglich der Name, der mir nicht mehr eingefallen ist. – Du hättest mich doch fragen können. – Wie schreibt man ihn? – Ich hab ihn auf dem Blatt verbessert, und auch, daß es nicht ihre Eltern waren, die mich aufgenommen haben, sondern ihre Tante und ihr Onkel, Dr. Feldman aus Zawiercie. – Daran habe ich mich überhaupt nicht mehr erinnert.

Das Programm sah keinen Besuch in Zawiercie vor, weil niemand außer meiner Mutter aus dieser kleinen, etwas weiter im Nordosten gelegenen Stadt stammte. Doch einer der Organisatoren fuhr mit uns, er war selber aus Zawiercie und schon einige Male dorthin zurückgekehrt. Von Sosnowiec aus fuhren wir im Taxi dorthin und durchquerten ein Land, dessen Schwärze sich allmählich verlor, es wurde offener, Felder, Wiesen, richtige Dörfer, und das verschaffte Erleichterung, denn ich wollte mir Zawiercie zwar als kleine Stadt vorstellen, aber doch weniger trostlos und häßlich als die, die wir bis dahin gesehen hatten.

Das Taxi brachte uns zum jüdischen Friedhof. Unser Reisebegleiter kannte jemanden, der die Schlüssel hatte. Das Tor ist immer verschlossen, weil niemand mehr kommt. Doch seitlich davon, fast schon auf dem Friedhofsgelände, hat jemand eine kleine Werkstatt eingerichtet, und dessen drei oder vier Hunde laufen frei auf dem Friedhof herum. Kaum nähern wir uns dem Tor, kommen sie auf uns zu, bellen uns an und zeigen knurrend die Zähne. Die Hunde bewachen die Gräber, nur braucht es ein bißchen Zeit, bis der Hundebesitzer sie einen nach dem anderen eingefangen, sie an eine Kette gelegt und irgendwo eingesperrt hat.

Wir hören sie laut bellen, während wir eintreten und zwischen Farnen und Unkraut und hohen, verwilderten Bäumen herumgehen, deren Äste gespalten auf der Erde liegen, Wildwuchs auf dem Weg. Der Friedhof sieht längst wie ein Wald aus, und viele Grabsteine, die nicht einmal besonders alt sind, haben sich geneigt oder sind zerbrochen, weil Wurzeln die Erde beim Wachsen aufgewölbt haben. Viele Inschriften sind nicht mehr oder nur mit Mühe zu entziffern,

Moosflechten bedecken die Steine, und viele Grabplatten sind völlig unter dem Grün verschwunden. Auf dem Hauptweg kann man noch gut vorwärts kommen, doch um zu den seitlich gelegenen Grabreihen zu gelangen, muß man hohe und weite Schritte machen und sich mit den Armen einen Weg bahnen.

Unser Reisebegleiter hat uns fast gleich nach dem Eintreten alleine gelassen, um sich zu einer Stelle am Ende des Gewirrs aus Zweigen und Laub vorzuarbeiten, wo sich das Grab seiner Großeltern befindet. Auch meine Mutter sucht ihren Großvater, aber sie erinnert sich nicht mehr, wo er liegt, und die Person, die alle jüdischen Gräber kennt, ist nicht zu finden gewesen. So wird meine Mutter nach wenigen Schritten ruhelos – zum ersten Mal kehrt die vertraute Angst zurück –, und als sie sich die Gräber dann einzeln anschaut, merkt sie, daß die Namen der Verstorbenen auf den meisten Steinen auf hebräisch stehen, und ihr wird bewußt, daß sie wohl vergebens dort ist, daß sie das Grab nicht finden kann.

Während auch ich die für uns beide unentzifferbaren Inschriften abschreite, begreife ich, daß meine Mutter in erster Linie nicht nach Polen gekommen ist, um ihr altes Haus und das meines Vaters wiederzusehen, auch nicht um sie mir zu zeigen, und noch viel weniger, um sich den Orten zu stellen, wo die Vernichtung stattgefunden hat, sondern wegen dieses Grabes. Es ist das einzige, das sie besuchen kann. Das erklärt sie dann auch, als sie über dieses und jenes redet und zu unserem Reisebegleiter sagt, »bevor ich sterbe, wollte ich noch einmal an das Grab meines Großvaters treten«, auch wenn ihr Großvater gestorben ist, als sie ein kleines Mädchen war. Ich glaube sogar, daß sie sich nicht einmal mehr deutlich an ihn erinnert und beide keine besonders innige Beziehung zueinander hatten.

Nicht lange danach habe ich es gefunden: eigentlich hätte sie es als erste sehen müssen, hätte sie nicht hier und da verloren herumgeschaut und wäre zurückgeblieben. Es hat einen

Grabstein aus grauem Granit, verhältnismäßig groß, sehr schlicht in der Form, in der Höhe leicht abgerundet, und der Stein weist keinerlei Anzeichen von Erosion oder Verfall auf, und aus dem Gold der hebräischen und lateinischen Buchstaben springen deutlich der Nachname Lis-Edelis und die Vornamen ihres Großvaters und ihrer Großmutter hervor. Ich muß wohl gerufen haben »Ich hab's gefunden!«, zuerst leise, dann laut, denn ich wußte ja nicht, daß sie zu zweit in diesem Grab lagen, und meine Mutter hat vielleicht geantwortet »Wo, wo?«, doch dann war sie flugs da. Dann macht sie, nachdem sie es einen Augenblick lang ungläubig betrachtet hat, einen Augenblick, in dem sie die eingemeißelte lateinische Schrift wieder und wieder gelesen haben muß, einen richtigen Luftsprung und ruft so etwas wie »Hurra!«, bevor sie mich umarmt und abküßt.

Wir legen einen Stein auf das Grab, einen Strauß Blumen auf die Grabplatte, zünden ein Licht an. Dann machen wir ungefähr zehn Fotos: meine Mutter neben dem Grab ihres Großvaters, wir beide zusammen, ich allein. Nachdem unser Reisebegleiter uns den Fotoapparat wieder zurückgegeben hat, machen wir uns langsam zum Tor auf und lesen im Vorübergehen flüchtig die anderen Grabinschriften. Glücklich und stolz kommentiert meine Mutter, daß ja auch ich sehen könne, wie wenige Inschriften es in lateinischen Buchstaben gebe, wie weit ihre Großeltern den anderen Juden damals voraus gewesen seien. Ich vermeide zu fragen, ob auf diesem Friedhof auch die Großeltern meines Vaters begraben seien, denn es ist klar, daß wir sie niemals gefunden hätten.

Diese Reise muß wohl sehr wichtig gewesen sein für dich. – Das würde ich so sagen.
Mama, bist du sicher, daß du dich nicht gekränkt gefühlt hast? – Laß es jetzt, wir reden noch darüber. – Na sag schon. – Glaubst du nicht, du bist manchmal ungerecht? – Kann schon sein, doch.

Das Haus meines Vaters steht an der Kreuzung zweier breiter Straßen, es ist vier graue Stockwerke hoch, hat einen kleinen Fries, eine ganz schlichte Stuckarbeit oben. Im Erdgeschoß, wo der Großhandelsladen meiner Großeltern war, ist jetzt ein Postamt, das Hinweiszeichen »poczta« befindet sich an der größeren Straße, ein neues Hinweiszeichen, und auch das Postamt selber scheint erst vor kurzem eröffnet und renoviert worden zu sein, nach dem zu urteilen, was wir von der gegenüberliegenden Straßenseite aus sehen, auf der wir uns befinden. Und wahrscheinlich ist es der Post zu verdanken, daß die Fassade frisch gestrichen ist, grau, mittelgrau, sauber.

Wir lassen ein paar Fotos von uns machen, wir, klein vor diesem Haus, das ganz aufs Bild kommt. Dann kehren wir auf den anderen Bürgersteig zurück, gehen über die Kreuzung und betrachten von der anderen Ecke beide Seiten des Hauses. Ich muß wohl auch alleine zum Haus meines Vaters gegangen sein, aber ich erinnere mich an nichts Genaues, zum Beispiel an das Innere der Post. Vor allem habe ich das Haus von der Stelle aus betrachtet, die es mir erlaubte, das Dach zu sehen. Ich gehe ein paar Schritte zurück, gleite mit den Augen die Fenster hinauf und hinunter, frage mich, welches wohl das meines Vaters gewesen sein mochte. Ich stelle mir vor, daß es eines der beiden ganz oben gewesen sein konnte, wo die Fassade sich zum Trapez verjüngt, unterhalb des verzierten Simses.

Ich bitte meine Mutter nicht, mir das richtige Fenster zu zeigen, vielleicht erinnert sie sich nicht mehr daran. Ich weiß, daß ich die Hand auf die Fassade gelegt habe, sie wie streichelnd über den rauhen Verputz habe gleiten lassen, daß ich meine Hand an der Wand des Hauses meines Vaters habe liegen lassen, nur so lang, daß es nicht weiter auffällt. Hinter mir sind meine Mutter und unser Reisebegleiter, der wartet, ob wir noch mehr Fotos machen möchten. Ich weine ein bißchen. Als ich mich den beiden wieder zuwende, weine ich nicht mehr und schaue noch einmal zu den beiden Fenstern hinauf, die ich meinem Vater zugesprochen habe.

Wir überqueren die Kreuzung und gelangen in eine engere Straße, wo Autos ohne Genehmigung nicht hineinfahren dürfen. Dies scheint die Hauptstraße des Zentrums zu sein. Unser Reisebegleiter zeigt auf die Stelle, wo die Synagoge gestanden hat, und auf die eines Lokals, wo manchmal Musik gemacht und vielleicht auch getanzt worden ist.

Ich erinnere mich daran, daß mein Vater immer so eine Art Geschichte über das Orchester von Zawiercie auf jiddisch erzählt hat: Guten Tag, wir sind das Orchester – Und wer seid ihr? – Antschejume mit der Geige und Schloime mit dem Baß, Antschejume mitn fidl un Schloime mitn bass – Und weiter? – Antschejume mitn fidl un Schloime mitn bass – Und weiter? ...

Sie tauschen Erinnerungen aus, während sie auf dieser Straße weitergehen, meine Mutter und der Herr aus Zawiercie: »Dort wohnte die Familie soundso, erinnern Sie sich?« fragt er sie, als er auf ein Haus zeigt, und meine Mutter nickt heftig, antwortet »tactactactactac«, oder sie sagt »Nein, ich weiß nicht, wer die waren«, vielleicht hat sie sie nicht gekannt, vielleicht hat sie es vergessen; oder dann fragt sie, ob in diesem Haus dort nicht ein Geschäft und die bewußte Person Soundso gewesen sei, doch das kommt weniger häufig vor. Während ich die Häuser betrachte, die niedriger, dunkler und fast immer auch kahler sind als das, in dem mein Vater gewohnt hat, schnappe ich aus ihrer polnischen Unterhaltung viele Namen auf, die ich nicht wiedererkenne, jüdische Namen, wenigstens soviel kann ich verstehen. Auf der Straße gibt es noch viele Geschäfte, sogar ein Schaufenster, in dem japanische Uhren ausgestellt sind, doch keines der Häuser, auf das sie zeigen, beherbergt noch einen, der mit der gleichen Ware handelt, über die sie reden.

Ich frage meine Mutter, ob alle diese Geschäfte jüdisch gewesen seien, ob in dieser Straße nur Juden gewohnt hätten, und sie antwortet »Nein, aber fast«. Ich wußte etwas über die Schtetl, die Kleinstädte und Dörfer mit überwiegend jüdischen Bewohnern, aber ich habe nie an Zawiercie oder ans Zentrum von Zawiercie als Schtetl gedacht, fast nie.

Auch das Haus meiner Mutter ist in dieser Straße, auch dort gibt es ein Geschäft, eine Filiale der Firma »Carelia«, die polnisches Kunsthandwerk im ganzen Land verkauft. Es gibt rote Firmenschilder mit weißer Kursivschrift, die Farben der polnischen Nationalfahne, und ich frage mich, wer eigentlich hier nach Zawiercie und in dieses Geschäft kommt, ich kann mir keine anderen Touristen als uns vorstellen. Das Haus hat drei Stockwerke, ist rechteckig, mit kleinen Fenstern ohne Fensterläden, grau, fast sollte man meinen, es stamme gar nicht aus der Zeit vor dem Krieg, jedenfalls ist es nicht alt. Für mich ist es sehr niedrig, dunkel und schmucklos und liegt an einer viel zu engen, düsteren und geradlinigen Straße, die aber auch keine Gasse ist.

Ich sage mir, jetzt sieht es noch schlimmer aus als damals, man muß nur ein paar Jahre Geduld haben, und wenn das Land sich dann ein bißchen erholt hat, werden sie die Fassaden schon streichen, die Trottoire richten, neue Geschäfte eröffnen und die renovieren, die es schon gibt. Aber mir kommt nicht der Gedanke, daß dieses Haus, als meine Mutter darin wohnte, brandneu und hochmodern gewesen ist, mit dem berühmten Bad in der Wohnung. Sie hat sich mit dem gleichen Gedanken getröstet, wie sie mir später anvertraute. Doch für ein paar Minuten bleiben wir schweigend vor dem Haus stehen. Halb enttäuscht, halb euphorisch – wegen der inneren Bewegung und vielleicht auch wegen der Anstrengung, sich die Ernüchterung nicht anmerken zu lassen, oder auch wegen der tröstlichen Gewißheit, daß sie von diesem Haus bis zu ihrer Wohnung in München mit dem Garten gegenüber dem Park einen langen Weg in der Welt zurückgelegt hat – zeigt meine Mutter wortlos auf die Fenster im zweiten Stockwerk. Sie erklärt nicht, wo ihr Zimmer gelegen hat, wo das Schlafzimmer ihrer Eltern, wo das Eßzimmer.

Dann treten wir durch das offene Tor in den Innenhof, wo es ein beinahe identisches Haus gibt, nur daß es ein Stockwerk mehr hat, und sie erklärt mir, daß sie beide dem Großvater gehört haben und damals als große Häuser galten, und wir sehen uns auch dieses aus ausreichender Entfernung an, um es mit dem Blick ganz erfassen zu können. An einer Seite des Innenhofs fallen ein paar aus groben dunklen Holzlatten zusammengezimmerte kleine Bauten auf, Werkstätten, Schuppen oder Depots für irgend etwas, und in einer ist ein Mann, der Kohlensäcke verrückt und uns anstarrt, während wir uns das höhere Haus ansehen und deutsch sprechen.

Er macht die von den Kohlen verdreckten Hände sauber und kommt dann langsam heraus, um meine Mutter zu fragen, was sie suche. Er ist ein großer, fülliger Mann, nicht mehr jung, seinem Tonfall nach zu schließen, scheint er höflich, und meine Mutter erklärt ihm auf polnisch, wer sie ist. Ich bin nicht näher gekommen, ich hätte den darauf folgenden Wortwechsel auch gar nicht verstehen können, bis der Mann schließlich ausruft, »Ach natürlich, Sie sind die Tochter des Direktors der Kristallfabrik!«, und sich ganz genau an ihren Vater erinnert. Ich weiß nicht, was sie sonst noch miteinander geredet haben, jedenfalls nicht viel.

Ich hätte mich am liebsten noch weiter entfernt, wäre weggerannt vor dem Gefühl eines undeutlichen Entsetzens, das durch diese Begegnung hervorgerufen wurde, mit meiner Mutter in der Rolle des wohlerzogenen Gespenstes und dem anderen, der so tat, als sei es normal, wenn »sie manchmal zurückkehren«, als sei es normal auszurufen »An Herrn Lis, doch, an den erinnere ich mich gut«, als sei es normal und nicht nur dem Gespenst gegenüber freundlich.

Meine Mutter hat mir später erzählt, daß der Mann tatsächlich nett war, aber gleich wissen wollte, ob sie die Absicht habe, Besitzansprüche auf diese Häuser anzumelden. »Ich habe das verneint, zu ihm gesagt, machen Sie sich keine Sorgen, das interessiert mich nicht.« Sie sagte auch, daß sie ihm ungeheuer reich vorgekommen sein müsse, er mit einer offen über dem schwarz verdreckten Unterhemd getragenen synthetischen Jacke und einem überquellenden Bauch, sie mit einem Brillanten am Finger und einer goldenen Uhr, aus Deutschland hierhergekommen, wie zum Beweis, daß sich die Juden immer zu helfen wissen, und immer besser als die anderen.

Vielleicht hat sie deshalb nicht einmal die Wohnung betreten wollen: um Erklärungen gegenüber unbekannten oder, schlimmer, nicht ganz unbekannten Personen auszuweichen. Als wir den Innenhof verließen, sind wir nur bis zum zweiten Stockwerk hinaufgestiegen und blieben auf dem Treppenabsatz vor der Türe stehen. Wir redeten nicht und versuchten, jedes Geräusch zu vermeiden, während wir dort standen. So sind wir kurz darauf wieder hinuntergegangen. Die Treppen waren dunkel, ich erinnere mich nicht mehr, ob aus Holz oder Stein, vielleicht war dort ein Geruch von Gemüsesuppe. Von den Fenstern ohne Schlagläden der beiden Häuser beobachteten uns ein paar alte Köpfe.

Das war das Haus, in dem meine Mutter als Mädchen aus guter Familie aufgewachsen war, und man muß es mit dem anderen vergleichen, in dem mein Vater gewohnt hatte, auch er, wie meine Mutter sagt, aus guter Familie, und wenn man das Haus nach seinem jetzigen Aussehen beurteilen sollte, würde man sogar sagen, daß mein Vater aus einer besseren Familie als sie stammte, denn beim Anblick der Häuser meiner Mutter verflüchtigt sich die Vorstellung von einer guten Familie zu etwas Undeutlichem. Doch für mich ist immer meine Mutter diejenige aus guter Familie gewesen, und daher wiederhole ich mir: das Badezimmer in der Wohnung, das Klavier, der Tennisschläger, der Cousin aus Bendzin mit dem Auto. Ich wiederhole, daß der Großvater ein Gehalt bezog, man lebte gut, man praßte nicht, ein bürgerlicher Haushalt.

Doch der Urgroßvater, das heißt der Großvater meiner Mutter, war Bader gewesen, fast ein Arzt, ein gläubiger Jude, das heißt, er aß eben noch keinen Schinken. Das alles machte ihn zu einer überaus geachteten und geschätzten Persönlichkeit, zu einem wichtigen Mitglied der Gemeinde, die beiden modernen Häuser gehörten ihm. Übrigens kochte auch die Großmutter nur koscheres Fleisch, vom Schinken einmal abgesehen.

Meine Mutter ist also aus gutem Hause, einerseits wegen eines Vaters, der Fabrikdirektor war, andererseits wegen des Großvaters, der Wundarzt war und orthodox. Mein Vater stammt aus gutem Hause, weil seine Familie so war wie die des Urgroßvaters, reich und strenggläubig, auch wenn sie einem nichts beibrachte über Blumen, Einladungen, Geschenke, Manieren. Außerdem stammen meine Mutter und mein Vater aus gutem Hause, weil sie Abitur gemacht, Literatur, Mathematik und Latein gelernt haben und nicht nur die Schriften in den *Jeshivoth*.

Auch ich bin eine Tochter aus gutem Hause, wie es mir meine Mutter im übrigen verschiedene Male wiederholt hat: denk daran, daß du schön, reich, intelligent und aus gutem Hause bist.

Ich dagegen erinnere mich nie daran. Möglicherweise ist der Grund dafür, daß ich das, was in Zawiercie damals als Kriterium galt, nur schwer nachvollziehen kann, vielleicht sogar schwerer als anderes. Möglicherweise, weil man eine Familie aus drei und dann aus zwei Personen – ohne andere Familien im Umkreis, mit denen sie sich vergleichen kann – nur mit Mühe als Familie empfindet, und es daher sinnlos ist, festzulegen, ob sie gut oder schlecht ist. Möglicherweise liegt es aber auch daran, daß ich es nicht geschafft habe, Tennis spielen zu lernen, unbegabt wie ich für jede Art von Ballsport bin, auch Klavier spielen nicht, aus Trägheit oder wegen der zu kurzen Finger: ein Glück, daß sie das Klavier nur gemietet hatten.

Die Fabrik, in der mein Großvater arbeitete, ist noch immer in Betrieb. Zufälligerweise hat meine Schwiegermutter von einer Polenreise einen Krug mitgebracht, der dort hergestellt worden ist, doch als wir spätnachmittags dort hinkamen, war niemand mehr da, nur ein Wachmann, der uns aber nicht hereinließ. Die Fabrik ist eine alte Anlage aus Ziegelstein mit ein paar schmiedeeisernen Ornamenten oder Schmuckwerk aus Gips, von der Art, wie sie heute gefällig wirken, und vom Gittertor aus sieht man den Innenhof, mit ein bißchen Grün in der Mitte, Beete und niedrige, gut gepflegte Pflanzen und dahinter ein Gebäude, das nicht so wirkt wie ein Schuppen oder als würde es Büros beherbergen, es scheint vielmehr von Menschen bewohnt zu werden, die in der Kristallfabrik arbeiten.

Vielleicht hat mein Großvater zwischen seiner ersten und seiner zweiten Internierung genau dort gewohnt. Meine Mutter diskutiert mit dem Pförtner, dann ist sie ein wenig enttäuscht, daß wir nicht hineinkönnen. Ich bin längst daran gewöhnt zu schauen, und basta, außerdem ist mir die Örtlichkeit vertraut, in Gallarate habe ich ein paar Jahre gegenüber einer nicht sehr viel anders aussehenden Fabrikruine gewohnt, und vom Balkon aus sah ich den Widerschein der Straßenlampen in den Oberlichtern. Hier dagegen arbeitet man weiter, exportiert sogar ins Ausland, alles bestens.

Allerdings gibt es das Mädchengymnasium »Helena Malczewska« nicht mehr, auch wenn es nicht jüdisch war. Doch durch hartnäckiges Fragen sind wir zu der Schule gleichen Namens gelangt, die aber ist neu und an einem anderen Ort gebaut worden. Erst vor diesem unbekannten Gebäude wird dies meiner Mutter völlig klar, obwohl sie schon am Ende der Straße zum Bahnhof das Gefühl hatte, in ein Gebiet zu kommen, das es zu ihrer Zeit noch gar nicht gab. Das Zentrum von Zawiercie hatte einen Durchmesser von der Länge der Straße, in der meine Mutter gewohnt hatte, und wurde dann mit einer Mauer abgeriegelt, um es in ein Ghetto zu verwandeln, und viel mehr gab es nicht.

Doch die breite lange Straße längs der Zuggleise, hat mir meine Mutter erklärt, gab es schon damals. Sie war der »Corso«, und dort flanierte meine Mutter mit ihren Freundinnen auf und ab, mit dem Tennisschläger, der ihr über die Schulter hing, um zu zeigen, daß sie auf den Plätzen der Kristallfabrik Tennis spielte. Ich denke an dieses italienische Wort »Corso«, das in jener Zeit in Polen in Gebrauch war, in Zawiercie, während wir bei einer Fast-food-Bude vor dem Bahnhof stehenbleiben, dem einzigen Ort, wo man etwas zu essen und zu trinken bekommt, wo ich mich auf Anraten unseres Reisebegleiters für eine Art warmes Brötchen entscheide, das mit pikantem Ketchup und ausgelassenem Käse bedeckt ist, eine Art polnische Pizza, wird mir erklärt, und während ich es mit einem Schluck lauwarmer Coca-Cola hinunterspüle, sage ich noch einmal »Corso«.

In Zawiercie haben wir einen Zug genommen, sind für einen Tag nach Krakau gefahren und waren nur Touristinnen. Wir aßen im schönen Freskensaal eines alten Hotels im Zentrum zu Abend und besuchten am nächsten Vormittag die gotischen Kirchen. Im berühmten Café der Symbolisten »Jama Michalkowa« legten wir eine Pause ein. Das Café ist noch genau so, wie es war, mit dunklem Samt und Holz, voller Bilder und Spiegel, eines der merkwürdigsten und schönsten Lokale, das ich je gesehen habe. Meine Mutter kaufte sich eine Bernsteinkette und mir ein Paar Ohrringe.

Dann schlossen wir uns wieder der Reisegruppe an, die die Rundreise durch die Städte von Zagłembie-Dombrowskie fortgesetzt hatte, um zu der Skistation von Zakopane zu fahren, wo es aus Kübeln goß. Nach unserer Rückkehr in einem Intercity nach Warschau fuhren wir nach München und ich in der folgenden Nacht nach Italien. Erst Tage nach unserer Rückkehr sprachen wir über unsere Reise, und meine Mutter sagte mir, vielleicht vor einem Jahr, eher beiläufig am Telefon, daß Frau Lesia gestorben sei.

Nur einmal, in Mailand – sie war in ihrem Zimmer und hantierte am Kleiderschrank herum –, wurde sie wieder vom Gedanken an ihre Mutter befallen, begann plötzlich zu weinen und zu zittern, aber ich war so geistesgegenwärtig, ihr zu sagen, daß wir beide jetzt zusammen seien, um darüber zu sprechen, und wenn die Dinge anders verlaufen wären, würde dies niemals möglich sein. Das hat gereicht, um ihre Verzweiflung aufzuhalten, um sie vom Weinen abzubringen.

Dann passierte die Sache mit der Aufenthaltserlaubnis, denn auch meine Mutter war vor ein paar Monaten mit der Notwendigkeit konfrontiert worden, diese Erlaubnis zu beantragen. Ich hatte sie vor kurzem innerhalb eines einzigen Tages und auf die allereinfachste Art erhalten: Ich erklärte, daß ich keine hätte, und fragte, was ich tun müsse.

Daraufhin versuchte ich, meiner Mutter zu erklären, daß wir zum Einwohnermeldeamt gehen und mit dem zuständigen Beamten reden müßten, ich sagte ihr, wie ich es mit meinem gesamten Erfahrungsschatz hinbekommen hatte, und vermittelte ihr die Informationen, die ich bei einem ersten Besuch im Ausländeramt erhalten hatte. Ich sagte wieder und wieder, »Schau, es gibt keine Probleme, sie müssen dir in jedem Fall die Erlaubnis geben, wir müssen nur, wissen, wie und welche Papiere sie wollen«, aber sie fragte zuerst am Telefon und dann nach ihrer Ankunft immer nur »Aber bist du auch sicher, daß man dies sagen kann, oder wäre es nicht besser, jenes zu sagen, oder ist es nicht besser zu sagen, daß ich in Rente bin und eine monatliche Zahlung erhalte, daß ich Kollektionen für italienische Schuhhersteller entwerfe, daß meine Tochter mich unterstützt«, und ich versuchte, ihr klarzumachen, wie wenig die italienischen Polizeibeamten sich für eine alte Dame aus Deutschland interessierten und daß wir das erklären würden, was sie hören wollten und fertig. Nein, hat sie entschieden geantwortet, du weißt doch, daß man immer eine Version parat haben muß, und als ich ihr geantwortet habe, sieh doch endlich ein, daß es sich bei ihnen nicht um die SS handelt, sondern um Beamte des Mailänder Einwohnermeldeamts, hat sie, wenig überzeugt, zugestimmt, ja, du hast ja recht.

Schon vor ihrer Ankunft in Italien hatte sie wegen dieser Aufenthaltserlaubnis schlecht geschlafen, und an diesem Abend in Mailand vertraute sie mir an, weißt du, es gibt Dinge, die bleiben einem.

Gegen halb zehn waren wir im Einwohnermeldeamt, ich wußte, es war ein bißchen spät, es waren schon viele Menschen von außerhalb der Europäischen Union dort, die mit dem qualvollen Verfahren der Indemnität befaßt waren, aber ich hatte meine Mutter nicht zur Eile antreiben wollen, um ihr nicht noch mehr Angst einzujagen. Nach einer halben Stunde war alles klar, die Fotos, die Erklärung mit Steuermarke fertig, die sie als jemand ausgab, der von mir versorgt wird, so wie der Beamte es uns vorgesagt hatte. Meine Mutter wirkte ruhiger, als sie sich auf eine Bank setzte und ich mich in die Schlange stellte, um das Dossier am Schalter abzugeben.

Ich stand zweieinhalb Stunden in der Schlange, hinter ungefähr dreißig Leuten aus allen Teilen der Welt, mit dem großartigen Ergebnis, daß man uns die Aufenthaltserlaubnis erst nach zwei Wochen aushändigen würde. Ich war wütend, erschöpft vom Warten und von den kleinen Wortgefechten in der Schlange, von der Anspannung, die ich an meiner Mutter beobachtete, von der Angst, die ich die ganze Zeit über hatte, bevor ich in dieses Amt kam und bevor ich zum Schalter gelangte, die Angst, daß man trotz allem etwas finden würde, das nicht in Ordnung war, das fehlte.

Kaum waren wir draußen, platzte ich, und meine Mutter erklärte, »Für dich war es kein Vergnügen, aber glaub mir, auch für mich war es schwer«, womit sie meine Wut nur noch vergrößerte, bis sie schließlich die folgenden Wortfetzen aussprach: »Die Reihe, diese Menschen in der Reihe, das Brot, der Appell.«

Es war das erste Mal, daß aus ihren Worten die Erinnerung an die Konzentrationslager aufschimmerte, und bis jetzt auch das letzte Mal. Ansonsten hat sich nichts verändert, oder nur wenig. Wir streiten weiter, vielleicht ein bißchen weniger. Sie ist die, die sie immer war. Sie sagt mir immer noch, wie ich mich anziehen soll, wie viele Kilo ich abnehmen muß, daß ich mit dem Rauchen aufhören und ein Kind bekommen soll, sie fragt mich, wo ich gewesen bin und mit wem, sie erklärt mir alles, und wenn sie meine Angelegenheiten meint, sagt sie weiterhin »wir«. Sie arbeitet noch immer, sie ist auf das Ansehen bedacht, das man ihr entgegenbringt, auf den Erfolg, auf ihr gepflegtes und jugendliches Äußeres. Meine Mutter ist so, wird es immer bleiben.

Wo hast du gelernt, die Gabel so zu halten? – Nirgendwo, und ich hab es auch nicht gelernt. – Ich weiß, daß ich dir auf die Nerven gehe, aber wenn du dich so bei anderen Leuten benimmst, gerätst du in ein ganz schlechtes Licht. – Ist ja gut. – Ist dir eigentlich bewußt, daß du mitunter die Hände an Stelle des Messers benutzt, ist dir das bewußt oder nicht? – Das tu ich nicht absichtlich. – Was soll das heißen, du tust das nicht absichtlich? – Daß ich offenbar das Besteck nicht vorschriftsmäßig zu benutzen weiß, auch wenn ich nicht bezweifle, daß ihr es mir beigebracht habt. – Mein Barbar.

Grossgezogen hat mich nicht meine Mutter, zumindest nicht sie allein. Seit meiner Geburt gab es bei uns zu Hause noch eine Frau, die mir die Windeln wechselte, die Flasche gab, mich zu Bett brachte. Meine Eltern hatten eine ausgebildete Säuglings- und Kinderschwester eingestellt, damit meine Mutter wieder in Ruhe ihrer Arbeit nachgehen konnte. Die erste wurde nach drei Monaten fortgeschickt, das weiß ich, weil meine Eltern es mir erzählt haben. Sie bezeichneten diese Frau als »Hexe«. Die zweite ist geblieben, bis ich sechzehn war.

Auch deswegen macht sich meine Mutter Vorwürfe, sie sagt, sie hätte mich großziehen und meinem Vater deutlich und klar sagen sollen, daß sie nicht mehr arbeiten oder doch zumindest weniger arbeiten würde. »Viel zu wenig habe ich mein Kind genossen«, behauptet sie, und dabei wird ihr Blick sanft und traurig. Eigentlich möchte ich darauf Verschiedenes antworten, tue es aber nicht. Denn was weiß ich schon über die Beweggründe, weshalb sie mich von morgens bis abends, ausgenommen die heilige Stunde des Mittagessens in der Familie, einer anderen Person anvertraut hatte.

Sie hieß Cilly, eine Verkleinerungsform von Cäcilie, Cilly Lahrs, und sie war aus dem Norden, aus Bremen. Sie war groß, rechteckig, von schwerem Knochenbau, hatte einen gestreckten Oberkörper, aber eine große Brust. Sie ist mir nie jung vorgekommen, auch wenn sie vielleicht zehn Jahre jünger war als meine Mutter. Sie hätten als gleichaltrig durchgehen können, möglich auch, daß man Cilly für älter gehalten hätte, denn meine Mutter war fröhlich, lebendig, gepflegt, bezaubernd, voller Anmut, das alles ist Cilly nie gewesen.

Sie trug eine dunkle, stabile Brille, die einzige, die in der Lage war, die immer dicker werdenden Brillengläser zu halten, eines von den Gestellen, die heute wieder in Mode kommen, damals jedoch nur alt und häßlich wirkten. Sie ließ sich immer Wasserwellen machen, mit furchtbar vielen Wicklern und Haarspray, Locken, die sich tagelang nicht bewegten, und sie trug nur Hosen, Hosen und flache sportliche Schuhe, mit Pullovern im Winter, Blusen und T-Shirts im Sommer. Manchmal schenkte meine Mutter ihr ein Kleidungsstück, ein Paar Schuhe, die sie aus dem Geschäft mitbrachte, doch ich habe Cilly nie mit einem neuen Kleid kommen sehen. Sie gebrauchte nur selten ein bißchen Kölnisch Wasser, immer aber ein Deo, denn sie schwitzte viel.

Sie rauchte, zuerst HB, am Ende dann eine leichtere Reemtsmasorte. Ihre Zähne waren vom vielen Rauchen schwarz geworden. Sie hatte äußerst schlechte Zähne und Fingernägel, brüchige Fingernägel mit weißen Flecken, und sie erzählte mir dann auch, daß diese Probleme von den Entbehrungen in ihrer Kindheit herrührten, vom Kalkmangel aus der Zeit des Hungers.

Sie war Kriegswaise, in ihrer Familie waren nur die Frauen übriggeblieben, sie, ihre Mutter, ihre jüngere Schwester, die in München lebt und mit einem Ingenieur verheiratet ist: der Vater, wer weiß wohin gelangt mit der Wehrmacht, gefallen an der Ostfront oder vermißt und nie wieder zurückgekehrt. Sie hätten mit ihrer Lage fertig werden müssen, erzählte sie mir. Auch sie suchte Holz und klaute Kohlen von vollen Wagen und aus Lagern. Das ist alles, was ich über ihre Kindheit weiß.

Sie machte Riesenschritte, steif in den Beinen und in den Hüften, weshalb der Oberkörper sich leicht hin und her bewegte. Oft kritisiert meine Mutter meinen schwerfälligen Gang und sagt, den hätte ich von Cilly übernommen, so wie sie auch behauptet, daß ich langsam und ungeschickt wäre, weil auch Cilly es war. Manchmal blieb Cilly auf der Straße stehen, um sich die Brille zu putzen, sie putzte sie gründlich mit einem Stückchen Stoff. Sie redete wenig, langsam, mit lauter, fast krächzender Stimme, und sprach jede einzelne Silbe deutlich aus; möglich daß sie nicht nur halbblind, sondern auch ein bißchen taub war, und ihr Lachen hatte den Klang leerer Blechdosen. Sie hat mir niemals Märchen oder Geschichten erzählt, vielleicht hat sie mir Kinderreime beigebracht, an die ich mich nicht mehr erinnere, und Lieder, wie etwa Weihnachtslieder, die ich allerdings auch in der Schule lernte.

Aber sie sah meine Hausaufgaben durch, die Rechtschreibung der Deutschaufsätze, die einzige Sprache, die sie konnte, sie, die die breite, runde und aufrechtstehende Handschrift eines Menschen hatte, der wenig schreibt. Sie spielte nicht mit mir, doch wenn ich wollte, blieb sie und schaute mir zu oder bot sich selbst als Spielzeug an. Ich dagegen erzählte ihr die Dinge, die mir passiert waren oder die ich in Büchern gelesen hatte, und sie hörte mir zu und ließ ganz selten in ihr Schweigen ein »Aha« oder ein »Ah ja« einfließen, um mir zu verstehen zu geben, daß sie mir zugehört hatte.

Sie begleitete mich zur Schule, zum Park, zum Turnen, zur Badeanstalt, zur Klavierstunde, ins Zentrum, bis ich schließlich alleine dort hingehen konnte. Es scheint, daß ich als kleines Kind hysterische Anfälle hatte, daß ich mich auf den Boden warf, mit den Armen fuchtelte, mit den Beinen strampelte oder regungslos liegenblieb, und Cilly wartete, bis das vorübergehen und ich mich entschließen würde weiterzugehen. Mit ihrer krächzenden Stimme schrie sie mich sogar an, aber nur selten, und vor allem waren ihre Rüffel nicht länger als zwei, drei Sätze. Sie hat mich nie bestraft, andererseits habe ich auch niemals eine Ohrfeige von meinen Eltern bekommen.

In der Wohnung tat sie nicht viel, außer daß sie mein Zimmer in Ordnung brachte und sich ums Essen kümmerte, wobei sie versuchte, die Rezepte nachzukochen, die meine Mutter ihr beigebracht hatte. Sie hat nie aufgehört, mein Bett zu machen, was meine Mutter unter anderem dazu bringt zu sagen: Cilly hat dich verwöhnt. Sie hatte ihr Zimmer, zunächst klein und in der Nähe der Wohnungstür, das klassische Zimmer einer Haushaltshilfe, dann, als wir umgezogen waren, ein großes Zimmer in einem gewissermaßen unabhängigen Teil, das sie sich alleine einrichten wollte und für das sie rustikale Möbel aus Fichtenholz aussuchte – das Bett, der Schrank, der kleine Schreibtisch und der Stuhl – und grüne Vorhänge und die Tagesdecke aus grob gewirktem Stoff, denn Grün war ihre Lieblingsfarbe.

Sie versuchte mir dann auch irgendwann zu erklären, wie sich Männer und Frauen lieben, dabei legt sich einer auf den anderen und sie bewegen sich gemeinsam, sagte sie, und das macht beiden viel Spaß, und ich habe sie eher ungläubig als angewidert angesehen und vielleicht gefragt, aber bist du auch sicher, weil sie einen Gesichtsausdruck hatte, als würde sie etwas wiedergeben, was sie von anderen erfahren oder gehört hatte, aber sie bekräftigte diese Schilderung, indem sie abschließend sagte »doch, das ist so«.

Es schien völlig ausgeschlossen, daß es in der Zeit, die sie bei uns verbrachte, auch nur den leisesten Hinweis auf ein Verhältnis mit einem Mann gegeben hätte, zumal sie keine Freunde hatte, nicht einmal Bekannte. Lediglich ihre Schwester besuchte sie dreimal im Jahr. So erzählte sie mir dann bei der Rückkehr von ihren Nichten Bettina und Christine. Der Mensch, mit dem sie am häufigsten sprach, war unsere Reinemachefrau, Frau Pickel, die zweimal in der Woche fürs richtige Saubermachen kam und, anders als Cilly, Bayerin war, gesprächig, rund und jugendlich, eine Familie hatte, einen Mann, der Angestellter war, eine hübsche und sympathische Tochter auf der Universität und ein Zweifamilienhäuschen mit Garten.

Auch wenn wir in die Ferien fuhren, kam Cilly mit uns, und so hat sie im Lauf der Jahre gelernt, Italienisch zu verstehen und zu sprechen: nicht besonders gut und mit ihrem schweren deutschen Akzent, obwohl sie sich Grammatikbücher gekauft hatte. Es kommt mir vor, als hätte sie sich in diesem fremden Land ein bißchen unwohl gefühlt, obgleich die italienischen Freunde meiner Mutter sie sozusagen wie ein Familienmitglied behandelten. Vielleicht sollte ich auch sagen, daß sie mit uns aß, selbst wenn mich der Gedanke, daß es anders hätte sein können, krank macht. Ich glaube, daß sie manchmal wirklich von ihrem Heimweh nach Deutschland sprach oder zu verstehen gab, daß sie zufrieden war, wieder zurück zu sein. Jedenfalls ist dieses Unbehagen nach Ansicht meiner Mutter der Grund dafür, daß sie mir nie Polnisch beigebracht haben. Sie sagt, daß für Cilly schon das Italienische schwierig gewesen sei, sie wollte nicht, daß Cilly sich allzusehr ausgeschlossen fühle.

Bevor ich sechzehn wurde, nahm mich Cilly eines Tages beiseite und sagte mir, sie müsse mir etwas mitteilen. Sie sagte mir, daß ich nun groß sei, daß ich sie nun nicht mehr brauche und daß sie bis zum Ende des Sommers noch bei uns bleiben würde. Dann wolle sie gehen, zu ihrer Schwester.

Ich antwortete ihr, daß ich verstünde, und vielleicht habe ich sie gefragt, ob sie das mit meinen Eltern bereits abgesprochen habe, und sie bestätigte das. Vielleicht haben wir einander gesagt, daß es uns leid tue, vielleicht auch, daß es so richtig sei, jedenfalls ist das Gespräch kurz gewesen, ohne eine dramatische Note.

Seit Cilly fort ist, habe ich angefangen mit meiner Mutter zu streiten. Vorher hatte Cilly die Dinge gemacht, die ich jetzt tun mußte und regelmäßig vergaß. Vorher jedenfalls war sie da gewesen, und meine Mutter wollte sich über ein bestimmtes Maß hinaus nicht einmischen, oder vielleicht hatte sie auch ganz einfach nicht die Fehler gesehen, auf die sie durch den engeren Umgang dann aufmerksam wurde und die sie von da an in jeder Weise zu verbessern versuchte. Wenn es jemanden gibt, der sich um das Kind kümmern soll, beschränkt sich eine Mutter darauf, allgemeine Anweisungen zu geben, und behält sich lediglich das Recht vor, notfalls einzugreifen. Auf diese Weise bleibt sie die Mutter.

Ich weiß nicht, ob meine Mutter wirklich so alarmiert oder entsetzt über die Auswirkungen war, die Cillys Anwesenheit auf mich hatte, oder ob sie, als sie merkte, wie schnell die Zeit vergangen war, nicht einfach nur eine Revanche wollte, eine Art späte Rückeroberung.

Schon in den letzten Jahren, in denen Cilly noch bei uns zu Hause wohnte, hatte meine Mutter angefangen, mir zu sagen, daß Cilly gewiß ein guter Mensch sei und mich liebhabe, aber auch Probleme habe, merkwürdig sei, vielleicht ein bißchen krank. Irgendwann vertraute sie mir an, daß sie sicher sei, Cilly würde Medikamente nehmen, Schlaftabletten und so etwas, und nicht nur bei Nacht. Deshalb zeige sie sich immer geistesabwesend, wie jemand, der schlecht aufgewacht sei, mit verschleiertem, stierem Blick und geweiteten Pupillen. Sie erklärte mir, daß dies Dinge waren, über die man in Büchern und Zeitungen liest, und gebrauchte den Begriff »medikamentensüchtig«.

Als meine Mutter mir dies alles erzählte, versuchte ich, darüber hinwegzugehen, das Thema zu wechseln, so zu tun, als würde ich nicht hören und nicht verstehen, versuchte die Sache herunterzuspielen. Doch auch ich sah, daß Cilly immer viele unterschiedliche Tabletten herumliegen hatte, ich bemerkte die kleinen schlafwandlerartigen Verzögerungen, mit denen sie agierte oder auf alles reagierte, auch wenn ich es nicht besonders merkwürdig fand, weil ich sie immer schon so erlebt hatte. Aber ihr Blick war, wie meine Mutter ihn beschrieben hatte, nämlich »süchtig«.

Diese Enthüllung hatte mir zu schaffen gemacht, weil ich Cilly nicht gegen die Evidenz und gegen meine Mutter in Schutz nehmen konnte, obwohl ich auch die Vorstellung von mir wies, daß sie mir das alles sagen müsse. Ich weiß nicht, wie lange danach ich mir gesagt habe, daß diese Mitteilungen mir nur deshalb von meiner Mutter anvertraut worden waren, weil sie mich wieder für sich haben wollte, und ich gab mir Mühe, mich erneut als ihre Tochter zu verstehen, ihren Umerziehungsversuchen zu entsprechen, was mir nicht gelang und daher die üblichen Streitereien hervorrief, bei denen ich schließlich weinend am Boden lag und meine Mutter herumschrie.

Ich war mit meiner Mutter beschäftigt und auch mit neuen Freunden und ersten Liebschaften, als Cilly uns verließ, daher hatte ich sie bald danach vergessen.

Ich erinnere mich, daß wir uns fürs einzige Wiedersehen in einem Lokal in der Nähe der Wohnung ihrer Schwester verabredet hatten. Wir tranken einen Kaffee, aßen ein Stück Kuchen, sprachen über das Notwendige, gingen ein paar Schritte im Stadtbereich herum, bis es wieder Zeit war, die U-Bahn zu nehmen. Es war kein unangenehmer Nachmittag, ich nahm nichts Störendes wahr, noch hätte ich mir vorgestellt, daß wir uns nicht mehr sehen würden. Sicher, wir hatten uns nicht viel zu sagen, aber das hatten wir sowieso nie.

Ich erinnere mich nicht daran, daß Cilly bei meiner Abiturfeier oder bei meinem 18. Geburtstag gewesen ist, noch daß ich sie dazu eingeladen hätte. Sie rief niemals an, außer vielleicht einmal, um mir zum Geburtstag zu gratulieren. Sie war weder auf dem Begräbnis meines Vaters, noch auf meiner Hochzeit. Mit meiner Übersiedlung nach Italien brach jede Verbindung ab.

Bei der Auseinandersetzung, während der meine Mutter mich vom Grab meines Vaters und ihrem eigenen zukünftigen Grab verbannte, begründete sie ihren Vorwurf von Egoismus und Unmenschlichkeit damit, daß sie mir vorhielt, wie schnell ich Cilly im Zeitraum weniger Monate vergessen hatte. Ausgelöscht, nicht einmal der geringen Anstrengung für würdig befunden, die das Schreiben einer Weihnachtskarte bedeutet, wie meine Mutter es mir angeraten hatte. Es ist richtig, manchmal hat sie es mir gesagt, aber ich schrieb nicht. Aus diesem Grund tut mir die Auseinandersetzung noch heute weh.

Und doch war es meine Mutter, die mir von Cillys »Medikamentensucht« erzählt, die verschiedentlich das Wort »Nazis« im Hinblick auf Cillys Vater und Mutter beiläufig gebraucht hatte, womit sie auf ich weiß nicht welche geheimen Informationen anspielte, die vielleicht nur mit den reinen Tatsachen übereinstimmten: daß sie eine Deutsche war, ein kleines Mädchen zur Zeit des Nationalsozialismus, daß der Vater in der Wehrmacht gewesen war, in welchem Rang auch immer, an der Ostfront, daß sie Deutschland lieber mochte als Italien, weil dies ihr Land war, ihr Vaterland. Einmal, ich glaube, sie war damals noch bei uns, hat meine Mutter gesagt, Cilly würde sie hassen.

Das ist ein Satz, der sich mir eingeprägt hat; vielleicht war es ja so, vielleicht wären dieser vermeintliche Haß, dazu der Anschein von Drogensucht und der Umstand, daß Cilly und ich uns nichts zu sagen hatten und ich andere Menschen gefunden hatte, die ich gern hatte, nicht ausreichend gewesen, sie fallenzulassen. Es kann aber sein, daß es genug war und ich nur versuche, die Anteile einer Schuld zu verteilen, die allein mir zukommt.

Ich versuche es dennoch, als Beweis dafür, wie merkwürdig es mir vorkommt, daß meine Eltern ausschließlich an mich die Aufgabe einer wie auch immer gearteten Verbindung zu Cilly delegiert haben.

Jedenfalls sagten meine Eltern in Cillys Anwesenheit zu mir »sprich deutsch, wenn Cilly dabei ist«, und auch unter sich benutzten sie das Polnische nur selten. Und vielleicht ist Cilly immer wieder der Grund, weshalb wir Jahr für Jahr vor dem Weihnachtsbaum standen und »Stille Nacht, Heilige Nacht« anstimmten, einander Päckchen reichten, »fir Mama«, »fir Papa« und »für Cilly«. Mag sein, daß sie schuld ist, daß ich »konfessionslos« und ohne Kenntnisse über die Verwandten aufgewachsen bin, und es mag sogar sein, daß meine Mutter niemals daran gedacht hat, sich jüdische Freundinnen zu suchen, weil Cilly im Hause war.

Wir waren keine Deutschen, aber das durfte man Cilly, die es war, weder sagen noch es sie spüren lassen.

Vielleicht übertreibe ich auch, denn in den Jahren, als ich zum jüdischen Jugendzentrum ging, war sie noch bei uns, mehr noch, ein paar Monate später fragte mich Cilly, ob ich die Brüder Weiss kenne, um die sie sich gekümmert hatte, bevor sie mich großzog. Ich kannte die Weiss-Brüder, kannte sie nur vom Sehen, aber das habe ich ihr nicht gesagt, weil sie soviel Interesse hatte zu erfahren, wie es ihnen ging, was aus ihnen geworden war. Ich weiß nicht, welches Schicksal sie dazu verurteilt hatte, die Säuglings- und Kinderschwester jüdischer Kinder zu sein.

Es ist klar, daß wir nie darüber gesprochen haben, was in unserer Vergangenheit geschehen ist, sie, eine Tochter des Nationalsozialismus, ich die eines glimpflichen Überlebens. Sie wäre dazu nicht in der Lage gewesen, sie hätte nicht gewußt, was sie sagen sollte, und mich hat nie auch nur die Vorstellung gestreift, etwas zu erwähnen, auch nicht zu der Zeit, wo ich schon einiges wußte und anfing, mich in Fragen zu verbeißen.

Vielleicht genoß sie in meinem Kopf so etwas wie einen Sonderstatus, weshalb ich sie bei allem außen vor lassen, sie suspendieren, ihr einen gesonderten Platz zuweisen konnte, unter der Voraussetzung, daß sie keinerlei Fragen stellte. Nicht, daß ich befürchtete, die verborgene Nazi in ihr zu entdecken. Unter Hitler war sie ja ein kleines Mädchen, sie hatte ihren Vater im Krieg verloren.

Und dann ist »Nazi« ein Begriff, der keinen Sinn bei diesem reizlosen, ungeschickten Wesen ergab, das langsam sprach, seltsam. Aber was hätte ich Cilly sagen sollen, jetzt, da mir klar war, was ich auch vorher schon wußte, nämlich daß wir verschiedenen und feindlichen Welten angehörten?

Ich glaube, deshalb und nicht nur wegen der verborgenen Konkurrenz zwischen ihr und meiner Mutter muß man allgemein eine Erleichterung empfunden haben, als sie ging. Ich weiß nicht, ob meine Verdrängung von Cilly, die gewissermaßen spiegelbildlich zu der der Deutschen hinsichtlich der jüdischen Opfer stattfand, nicht in gewisser Weise auch ein kleiner kollektiver Wille war. Jedenfalls mochten wir sie alle, zumindest waren wir ihr dankbar. Daher weiß ich jetzt, daß ich Cilly nicht verziehen habe, weggegangen, verschwunden zu sein, ohne sich jemals wieder zu melden, und mir selbst habe ich nicht verziehen, daß ich es nicht verstanden habe, wieder eine Verbindung zu ihr zu knüpfen, und ich habe mir auch die Scham nicht verziehen.

Es ist jetzt gut zwei Jahre her, daß ich angefangen habe, ihr von Zeit zu Zeit zu schreiben. Eines Vormittags versuchte ich sie von München aus zu erreichen, wofür ich die Nummer ihrer Schwester im Telefonbuch nachsah. Die Schwester sagte mir, Cilly wohne nicht mehr bei ihnen, es habe große Probleme gegeben, Cilly sei ein äußerst schwieriger Mensch geworden, sie wohne jetzt in Bremen, in einer Wohnung, die sie von der Mutter geerbt habe. Sie sagte auch, wie nett, daß du anrufst, es wird sie sehr freuen, dich zu hören, und ich habe mich ganz krank gefühlt.

Ich wählte die Nummer, die mir die Schwester gegeben hatte, und als ich das »Hallo« hörte, sagte ich, hier ist Helena. Ich weiß nicht, ob ich das erfinde, aber ich meine, daß Cilly den Telefonhörer aufgeknallt hat – vor Erregung, vor Ungläubigkeit, wie sie nachher erklärte, vor Unfähigkeit, Worte zu finden –, daß ich sie noch einmal anrufen und meinen Namen noch einmal sagen mußte. Schließlich ein Stammeln, dann ein »Ja, was denn, wie denn, wieso rufst du mich jetzt an«, im Sinn von erst jetzt, und gleich darauf »wie nett, das finde ich ja wirklich nett«, dreimal wiederholt. Von Frau Pikkel hatte sie vom Tod meines Vaters erfahren, so konnte ich ihr wenigstens erzählen, daß ich geheiratet hatte, »Du weißt schon, Gianni, du hast ihn kennengelernt, erinnerst du dich?«

»Wann?«

Vor sechs Jahren.

Sie hat mich nicht zum Teufel gewünscht, wie ich es nur für gerecht gehalten hätte, und nach diesem Telefongespräch, vor dem mir grauste, fühlte ich mich nur noch elend. Cillys Stimme ist immer noch die alte, sie schreit noch immer und spricht so, als wäre sie leicht angesäuselt, nur daß ihr Krächzen sich jetzt alt anhört. Ich habe seitdem nicht mehr am Telefon mit ihr gesprochen, und vielleicht ist das der Grund, weshalb ich ihr ungefähr alle drei Monate einen computergeschriebenen Brief schicke, wobei ich versuche, wenigstens ein Blatt vollzubekommen, doch es wird immer mehr, denn ich verwende die Interlinea 2, um ihre Augen so wenig wie möglich zu ermüden, da sie fast blind ist, wie sie mir sagte. Vor ein paar Monaten schrieb sie mir, daß zuerst das eine, dann das andere Auge operiert worden sei, jetzt würde sie ziemlich gut sehen, sie könne es gar nicht glauben. Dagegen hat sie vor kurzem wieder unters Messer gemußt wegen eines abgenutzten Ellbogens oder eines Hüftknochens oder ich weiß nicht mehr genau was. Sie lebt alleine, sie arbeitet nicht mehr, sie telefoniert zweimal im Jahr mit Frau Pickel.

Auch jetzt könnte ich nichts benennen, was Cilly mir hinterlassen oder beigebracht hat, außer ihrem schweren Schritt und den ungeschickten, langsamen Umgangsformen, von denen ich allerdings glaube, daß ich sie von Natur aus habe. Das Wichtigste, was sie für mich getan hat, war, mir die Rechtschreibung und Grammatik ihrer Sprache zu korrigieren, aber es war nicht sie, die mir die Liebe zu Büchern, die Liebe zu Wörtern vermittelt hat. Dies, wie auch alles andere, habe ich von meinem Vater und von meiner Mutter, denn Cilly war nur das Kindermädchen, das deutsche Kindermädchen, und vielleicht läßt sich Blut ja wirklich nicht verleugnen, ganz sicher aber läßt sich die Vergangenheit nicht verleugnen, die es mir auch heute schwermacht, mir Cilly als ein »Familienmitglied« vorzustellen.

Sie hat mich nicht verhätschelt oder verwöhnt, bei einer wie ihr ist das unvorstellbar, sie hat mich einfach liebgehabt.

Man kann nichts wiedergutmachen, doch vielleicht kann es ihr wenigstens jetzt, da sie alt ist, älter als meine Mutter, trotz ihres eigentlichen Alters, hilfreich sein, einen Menschen zu haben, an den sie sich wenden kann, wenn es notwendig sein sollte, auch wenn ich bezweifle, daß sie es tun wird. Das letzte, was sie mir geschickt hat, war ein großer Umschlag mit all meinen Zeichnungen, Heften, Kritzeleien, die sie aufgehoben hatte, und ich hatte nicht den Mut, sie mir gleich anzusehen. Ihre Freundlichkeit und ihre ungeheuere Treue brachten mich zum Weinen, und ich spürte einen Kloß im Hals, weil ich den Eindruck hatte, daß sie sich aufs Sterben vorbereitet. Das Zeug muß ich ihr zurückschicken.

Dieses Buch ist nun zwei Jahre alt. Ich schicke Cilly weiterhin meine Briefe und habe noch ein paarmal mit ihr telefoniert. Mit meiner Mutter habe ich über das Buch viel geredet, wenig gestritten und manchmal geweint. Dadurch ist das Buch ein bißchen älter geworden und ich vielleicht auch. Dafür danke ich dir, Mamusch.